MADRES QUE TORTURAN, PADRES QUE ASESINAN:

Intervención Psicosocial con Familias Puertorriqueñas Maltratantes

MADRES QUE TORTURAN, PADRES QUE ASESINAN:

Intervención Psicosocial con Familias Puertorriqueñas Maltratantes

Publicaciones
Puertorriqueñas
EDITORES

Créditos editoriales

Edición, 2000

ISBN 1-881720-13-6

Producido en Puerto Rico

Impreso en Colombia • Printed in Colombia

Impreso por D´Vinni Editorial Ltda.

Editor
ANDRÉS PALOMARES

Diseño Tipográfico
EVA GOTAY PASTRANA

Portada
EVA GOTAY PASTRANA

Negativos y separación de colores
PUBLICACIONES PUERTORRIQUEÑAS

Distribución
EDGAR REXACH - HAYDÉE GOTAY - CELESTINO MARTÍNEZ

Publicaciones Puertorriqueñas, Inc.
Calle Mayagüez 104
Hato Rey, Puerto Rico 00919
Tel. (787) 759-9673 Fax (787) 250-6498
E-Mail: pubpr@coqui.net

Nota de las Autoras

Agradecemos al Dr. Rafael Ramírez, antropólogo, investigador, escritor y sobre todo amigo quien nos mostró su apoyo y solidaridad al llevar a cabo la tarea de leer, revisar y criticar nuestro trabajo.

DEDICATORIA

Hay momentos en la vida en que las experiencias o vivencias diarias nos sacuden las fibras más profundas de nuestro ser. La fibra humana nos debe mover a no permanecer calladas (os) cuando observamos injusticias, cuando vemos el dolor que sufren las víctimas del trauma.

Si en estas situaciones en que se atenta contra la seguridad, el bienestar o la vida de otras personas, los agredidos son nuestras niñas y niños el dolor que sentimos es aún mayor. Las niñas y niños que sobreviven al trauma del maltrato quedan marcados con cicatrices imborrables. Un trauma tan profundo dejará huellas físicas, sexuales, psicológicas y espirituales para el resto de su vida.

No ha sido fácil para nosotras conocer de cerca tanto dolor; por el contrario ha sido ese sentimiento el que nos animó a emprender esta nueva tarea de presentarles este trabajo.

Dedicamos este libro a nuestros maestros, o sea a nuestros clientes, a esas personas que hemos conocido en nuestra experiencia diaria en el Instituto, pero sobre todo lo dedicamos a los Niños y Niñas que valientemente y a pesar del trauma que todavía cargan en su existencia guardan una sonrisa que representa una esperanza de vida.

Rita Córdova Campos
Sylvia L. Burgos Marrero

ÍNDICE

PRÓLOGO

Una de las contribuciones más importantes de **Madres que Torturan, Padres que asesinan** es discutir el tema de la violencia familiar y el maltrato infantil en un macroestructural que articula la subordinación política, la dependencia económica y la naturaleza colonial de la sociedad puertorriqueña con la vida cotidiana de las familias con quienes las autoras intervinieron en su práctica de trabajo social.

Al exponer una especie de economía política de la violencia familiar, las autoras trascienden las limitaciones de los estudios de casos y las tendencias a particularizar la violencia para destacar el aspecto coercitivo de las estructuras sociales. Quiere decir el destacar la relación dinámica entre los sujetos y el sistema sociocultural en que estos viven.

Desde esta perspectiva los sujetos no son autómatas sino entes activos a nivel familiar en la reproducción cotidiana de la violencia de la sociedad. Vivimos en una sociedad de violencia generalizada y todos, aún las clases privilegiadas con sus estrategias de segregación en burbujas aisladoras, estamos sometidos a agresiones y mini-agresiones con diversos niveles de intensidad.

Sin intención de evocar "una antigua felicidad colectiva" que nunca existió en nuestra historia de sociedad sesgada por los privilegios y penurias del colonialismo, la división de clases y las políticas y prácticas de segregación y exclusión, es innegable que en el Puerto Rico del último cuarto de siglo veinte, los indicadores de violencia se han disparado. Cómo incide esa violencia macroestructural en el ámbito de las relaciones familiares es el tema principal de este libro.

Es un acierto de las autoras el hacer referencia al psiquiatra Franz Fanon y aplicar su concepto de violencia del colonizado para analizar la violencia familiar en Puerto Rico. Otro aspecto novedoso es la discusión del tema de las estrategias de sobrevivencia que utilizamos los puertorriqueños. Las autoras describen esas estrategias como "defensas psicológicas dirigidas a permitirnos sobrevivir dentro de la colonia política más antigua del mundo". Las estrategias o defensas que ellas discuten, tanto a nivel macro como sus expresiones en las familias maltratantes, son la música, el humor; el consumo compulsivo y el desplazamiento de la agresión.

Por último las autoras hacen una reflexión sobre su práctica con estas familias y recomiendan estrategias de intervención como guía para profesionales de ayuda, tanto en trabajo social como en disciplinas relacionadas.

Rafael L. Ramírez, PhD
Centro de Investigación y de Educación VIH/SIDA
Universidad de Puerto Rico, Río Piedras
1999

INTRODUCCIÓN

Tan pronto como finalizamos la redacción de nuestro primer libro: "Modelo para la Evaluación de la Dinámica Familiar" nos dimos a la misión de reflexionar en torno a nuestra experiencia como peritos en trabajo social forense, tarea que nos convenció de la importancia de documentar y abordar en un segundo libro, el tema de la intervención psicosocial con familias disfuncionales puertorriqueñas.

Aquel primer libro relata nuestra experiencia evaluando el funcionamiento social de las personas con el propósito de hacer recomendaciones periciales a los Tribunales sobre asuntos de custodia, relaciones paterno/materno filiales, de menores transgresores de la Ley (Renuncias de Jurisdicción) y de adopción.

Sin embargo, la experiencia como evaluadoras nos permitió identificar el hecho de que muchas de esas familias que nos consultaban, llegaban a nuestra oficina presentando indicadores agudos de disfunción social, o sea eran familias mínimamente organizadas, totalmente caóticas y desvinculadas (en las cuales, por su idiosincracia los miembros casi nunca pueden coincidir en un mismo lugar o compartir una misma opinión).

Es decir, que la controversia ante la consideración del Tribunal era solamente la punta prominente del "iceberg" que yacía visible a los ojos del espectador, pero que al profundizar en la dinámica familiar era ineludible tomar conciencia de la magnitud de los problemas que confrontaban en su funcionamiento social. El conflicto planteado ante el Tribunal era solamente una de las manifestaciones de dichas dificultades.

Un buen número de éstas habían sido marcadas por interacciones violentas que canalizaban mediante alegaciones entre las partes, donde le imputaban a uno y a la otra, incidencias de abuso sexual y de maltrato de los menores (Ley 75 de Protección de Menores) o incidencias de amenaza, agresión física u hostigamiento (de Ley 54 de Prevención de la Violencia Doméstica).

Por otro lado, los niños de las familias que nos referían tanto jueces como abogados para llevar a cabo la evaluación social forense, presentaban sintomatología de problemas tales como: encoprésis (condición en la que una persona se evacua en la ropa o en el piso involuntariamente), depresión severa, trastornos del sueño, fobia a la escuela, fobia a relacionarse con el padre biológico no custodio y otros trastornos psiquiátricos.

Para estas familias sus procesos de divorcio y las consabidas consecuencias: tales como la división de bienes gananciales, la determinación y el cumplimiento con la pensión alimentaria, la custodia de los hijos y las relaciones materno/paterno filiales abrieron paso a un conflicto abierto en medio del cual se posicionan todos los protagonistas de dicho conflicto (incluyendo a los abogados) en bandos contrarios beligerantes.

En dichos casos altamente contensiosos, cuando el conflicto se encuentra en pleno apogeo y se citan a las partes para comparecer a vistas judiciales, las Salas del Tribunal simulan frentes de guerra en donde se instalan armamentos y misiles justamente frente con frente. La comunicación verbal y no verbal que regula las interacciones entre las partes es hostil, coercitiva y adversativa.

La atmósfera en la Sala es tensa y pesada, todos los allí presentes se muestran atentos a la expectativa del encuentro entre los gladiadores. Solo uno de estos gladiadores habrá de salir de allí como el vencedor, el otro saldrá vencido y aplastado.

En esos momentos, para cada una de las partes involucradas lo importante es "ganar el pleito" y en su lucha llegan hasta el punto en que pierden de perspectiva las repercusiones que tendrán sus actuaciones sobre sus hijos. Sus hijos, quienes en lugar de ver allí a unos gladiadores contrarios, están sufriendo el proceso mediante el cual su mamá y su papá, van haciéndose pedazos económica y emocionalmente.

Los niños quedan pillados en el mismo medio del conflicto, triangulados entre los reclamos de lealtad que les hace su mamá y los reclamos de lealtad que les hace su papá; y a veces hasta los abuelos maternos o paternos. Aquello que una vez fue su familia, termina siendo como el terraplén de un campo de guerra en el cual se libró una cruenta batalla y a donde habrá que ir a rescatar a las víctimas sobrevivientes del trauma.

Para atender a las víctimas, será necesario hacer un trabajo de restauración, de enmienda y de reconstrucción entre todos los protagonistas del conflicto. Afirmamos que en los conflictos intrafamiliares no hay ganadores ni perdedores, solo hay mucho dolor difundido entre todos, hay personas que sufren, que necesitan consuelo y alivio. De no completarse tal intervención restaurativa, los sobrevivientes quedarán para siempre marcados en su psiquis y en su espíritu con las cicatrices de las heridas recibidas durante el combate intrafamiliar.

Luego de observar este proceso desgarrador y destructivo repetirse una y otra vez en familias de diferentes estratas social, para nosotras fue un imperativo no permanecer en la dimensión de evaluadoras periciales, sino ir mas allá y pasar a trabajar con los sobrevivientes del trauma, motivadas por el interés en ayudar a las familias a restaurarse.

Entonces nos dimos a la tarea de reforzar nuestros estudios asistiendo fuera de Puerto Rico a seminarios y talleres especializados. Adquirimos una amplia biblioteca especializada en asuntos tales como la violencia familiar, la coerción, la agresión, los desórdenes de apego, las teorías de desarrollo bio/psico/social, la psicopatología, estrategias de intervención con niños y adolescentes con problemas de conducta y terapia familiar.

El libro que aquí presentamos aborda el tema de la violencia familiar. Lo hacemos vinculando la violencia familiar con diversas variables macroestructurales, que a nuestro juicio tienen que ver con las respuestas adaptativas que utilizamos los puertorriqueños para lidiar con nuestra cotidianidad política, económica y social.

En sus páginas tratamos de explicarnos los vínculos que entretejen esas interacciones de dominancia/

subordinación (o sea, relaciones de poder) que se dan al interior de las familias violentas, así como los mecanismos individuales y colectivos que utilizamos los puertorriqueños para garantizar nuestra sobrevivencia colectiva.

En el primer Capítulo abordamos el proceso histórico que nos movió a desarrollar una subespecialidad en el ámbito de la violencia familiar.

En el segundo Capítulo, proponemos una conceptualización sobre las fuerzas políticas, económicas, familiares y psicodinámicas que explican la violencia en el interior de las familias puertorriqueñas.

En el tercer Capítulo escuchamos la voz de los niños maltratados, nos adentramos en su mundo interior y atendemos a la explicación que estos nos ofrecen en torno a las circunstancias que rodean sus vidas. Observaremos cómo los niños nos hablan a través de sus dibujos.

En el cuarto Capítulo compartiremos algunas de las estrategias de intervención psicosocial que hemos puesto en práctica e identificado como que son útiles y efectivas en el trabajo de restauración con estas familias.

En el Quinto y último Capítulo, hacemos una recapitulación de todo lo anterior partiendo de una reflexión proyectada hacia el futuro.

Invitamos al lector o lectora a acompañarnos en esta jornada hasta adentrarnos en esa realidad violenta que viven tales familias, la cual es siempre dolorosa, pero que a su vez nos ayudará a identificar como se activan ciertos comportamientos motivados por códigos internos de la personalidad de los protagonistas. Dichos códigos poco a poco se transforman en cadenas causales de conductas recíprocas entre el participante activo y el participante pasivo, o sea en interacciones personales violentas. Veamos...

SOBRE COMO LLEGAMOS a TRABAJAR con las FAMILIAS VIOLENTAS

A partir del año 1987, tuvimos la singular oportunidad de establecer nuestra oficina de práctica independiente del trabajo social. Es decir, para esa fecha decidimos dejar atrás las estructuras del Estado que hasta ese momento nos habían servido como plataforma de formación durante las primeras etapas de nuestro desarrollo profesional. Y nos entregamos a la retante aventura de inventar día a día la construcción de una práctica independiente dentro de un contexto sociocultural en el cual no existía una tradición de esa naturaleza: Puerto Rico.

La denominamos práctica INDEPENDIENTE porque ese es precisamente el término que a nuestro juicio le describe en su más amplia expresión. Consideramos que no es puramente una "práctica privada" como se le identifica en Estados Unidos, por varias razones: primero porque trabajamos con y servimos a diversos ámbitos del sector público entre los que se incluyen el sector forense (como Tribunales de Justicia, Instituciones Juveniles, Servicios Legales y Asistencia Legal), el académico (Universidades y Departamento de Educación), el de protección de menores (con el Departamento de la Familia de Puerto Rico y el Departamento de Servicios a Familias con Niños de Chicago, Illinois), y el clínico (con la Administración de Servicios de Salud Mental y Contra la Adicción).

1

Dentro de nuestra práctica independiente, una buena parte de nuestra clientela proviene de la clase indigente y no paga directamente por los servicios que le brindamos, sino que el Estado nos subcontrata este servicio en cualquiera de las modalidades que nosotros ofrecemos, ya sea para brindarles servicio directo, consultoría programática, o talleres y adiestramientos.

Por otro lado, también trabajamos con y servimos al llamado sector privado, particularmente a los abogados de relaciones de familias y de asuntos de menores, a las compañías de seguros de salud y a las personas que contratan y consumen nuestros servicios directos.

Así es que desde nuestra práctica, hemos tenido la oportunidad de servir y conocer las necesidades de diferentes estratas sociales. O sea, que hemos tenido clientes que son médicos, ingenieros, contadores públicos autorizados, maestros, abogados y psicólogos. Por otro lado, hemos tenido clientes que son madres solteras, desempleados, desertores escolares, trabajadores de mantenimiento y personas que sobreviven "haciendo chiripas".

Entendemos que la naturaleza de la violencia en las diferentes clases sociales es de similar gravedad, sin embargo para los ricos existen vías alternas que les permiten encubrirla dentro de un ámbito más íntimo por lo que en muchas ocasiones logran evadir con mayor frecuencia que salga a la luz pública

La otra razón por la cual la denominamos INDEPENDIENTE es porque nos permite una auténtica libertad de acción, acción autónoma que responda a nuestra gesta creativa y no a cualquier esquema sobreimpuesto o extrapolado de otros contextos culturales que están basados en la práctica y experiencias con otras poblaciones étnicas.

Nuestra práctica es INDEPENDIENTE porque tampoco está restringida ni limitada por las "camisas de fuerzas" de corte burocrático típicas de las agencias del gobierno, las cuales suelen inmovilizar y desensibilizar al profesional que labora en estas.

Finalmente, apreciamos ese carácter independiente de nuestra práctica que nos permite reafirmar los principios éticos que la guían y que la dirigen. Porque tenemos la discreción profesional de poder seleccionar con quien estamos dispuestas a trabajar y con quien no, y porque nos permite rechazar cualquier instancia de conflictos éticos.

Desde este espacio de práctica independiente, no nos aprisionan fuerzas exógenas que estén fuera de nuestro control y que nos obliguen a aceptar esquemas injustos, estereotipados o burocráticos. A nuestro juicio, tal no fue el caso de los trabajadores sociales que una de las autoras (Córdova) estudió para su tesis: "La Participación de los Trabajadores Sociales en los Asuntos Controvertibles del País" durante el año 1969-70.

Dicha investigación, cuyo universo fueron todos los trabajadores sociales que practicaban en Puerto Rico para esa época, encontró que en aquellas situaciones en que los intereses de la agencia en que trabajaban (su patrono) y los intereses de su cliente; se encontraban en conflicto, el 98% de los trabajadores sociales de la muestra antepondrían los intereses de la agencia por encima de los intereses de su cliente.

De la práctica independiente apreciamos además, la oportunidad que nos provee para construir un nuevo espacio social dentro de nuestro país, al ejercicio de un trabajo social de carácter puertorriqueño, adaptado a esta sociedad postmoderna cuya realidad cibernética, hará que protagonicemos grandes y rápidas transformaciones políticas, sociales y económicas.

Desde esta práctica, hemos ido cultivando y puliendo pacientemente (sin prisa, pero sin pausa) una retante e interesante subespecialización dentro del trabajo social forense que interviene con esa violencia que, sin distinción de clase social, nivel de preparación académica o preferencias religiosas, se practica diariamente en el interior de muchas familias puertorriqueñas.

A partir del año 1990 y hasta el momento (1999), hemos desarrollado servicios utilizando diferentes modalidades, para más de siete mil quinientas familias que confrontan problemas de violencia familiar; entiéndase violencia entre la pareja, violencia entre padre/madre e hijos(as), violencia entre hermanos y hermanas o violencia entre abuelos y nietos.

Hasta este momento, nuestras experiencias de aprendizaje e investigación más ricas, han sido la que nos brindan las familias que servimos a través de un contrato con el Departamento de Familias con Niños de Chicago, Illinois y la del trabajo con familias de Bayamón, que es la segunda región en todo Puerto Rico que presentó los niveles más altos de externalización (asesinatos, asaltos a mano armada, homicidios, violaciones, robos y agresiones) en el estudio más reciente sobre la criminalidad (1998) que llevó a cabo la Dra. Dora Nevárez. En esta misma región, entre el año 1997 y el

1998 murieron dos niños, una a manos de su madre y el otro a manos de su padrastro, ambos eran menores de tres años de edad.

El escrito que a continuación compartimos con ustedes, es resultado y producto de estos pasados ocho años de ponderación, de estudio, de investigación, de participación en seminarios avanzados especializados y de consultas con otros especialistas de la conducta humana: como psicólogos, psiquiatras de niños y adolescentes, maestros de educación especial, orientadores, procuradores de menores, jueces y colegas trabajadores(as) sociales. Mucho más, es producto de la práctica directa con tantas familias dolidas, torturadas, caóticas y suborganizadas.

Antes de continuar adelante, es necesaria una reflexión en torno al título que seleccionamos para este libro. Nuestro trabajo con los sobrevivientes de ese trauma que resulta de la exposición al abuso continuo y ritualista, nos ha permitido concientizarnos de que existen construcciones sociales estereotipadas que proyectan y refuerzan una imagen idealizada de la "maternidad" y de la "unidad familiar".

La cultura puertorriqueña dominante de orientación marianista, trabaja consistentemente a la figura de la madre proyectándola como la imagen de "La Madre Dolorosa". Los puertorriqueños quisiéramos creer que TODAS las madres son como es esa imagen de la madre que sufre hasta el martirio por su prole, que los nutre entregándole vida a través de la leche que brota de su pecho amoroso, esa madre abnegada y protectora que está allí siempre disponible para darlo todo por su hijo.

También deseamos creer que TODAS las familias son nutrientes y que funcionan como nichos protegidos para facilitar el desarrollo óptimo de sus miembros garantizándoles un apoyo incondicional y una seguridad personal y familiar.

Pues bien, nada más lejos de la realidad para las víctimas del trauma por abuso. Para estos, sus madres no son figuras protectoras que nutren, que atienden con abnegación sus necesidades y que sacrifican sus necesidades personales dándole prioridad a las necesidades de sus hijos sobre las propias. Tampoco las familias constituyen espacios protegidos donde los miembros individuales son nutridos, apoyados y respetados.

En las familias violentas los padres y las madres maltratantes son incompetentes para garantizarles a sus hijos unas experiencias de crecimiento que les permitan alcanzar un desarrollo óptimo. Las madres maltratantes son capaces de someter a sus hijos a todo tipo de torturas psicológicas y físicas, tales como exponerlos públicamente al rechazo, al desapego, a las humillaciones, al abandono. Hemos conocido madres que los utilizan como escudos protectores ante la agresión física y emocional de sus compañeros.

Son emocionalmente inmaduras y alegando que los disciplinan, hemos observado que llegan hasta inflingirles daños tales como: quemaduras de hornillas en las manos, "tapabocas" que parten los labios y "tumban" los dientes, halones de pelo que les arranca el pelo en mechones y "cocotazos" a la cabeza que les provocan lesiones neurológicas.

Los padres maltratantes no custodios, a menudo no les garantizan a sus hijos ni la pensión alimentaria. Los procrean y les abandonan "a su suerte" pretendiendo que sea la madre quien les provea todo lo necesario para su desarrollo. Son diestros para agredir a sus compañeras en presencia de los niños, pero incompetentes para ejercer su función ejecutiva como adultos que tienen que rendir cuentas por el bienestar y la seguridad de sus hijos. Consideran que sus compañeras y sus hijos son su "propiedad", objetivizándolos al punto de que pueden llegar hasta explotarlos sexualmente o asesinarlos a golpes. Todo lo anterior se hace alegando que les enseñan "a tener respeto", a "ser un ciudadano de respeto" o para que "en un futuro no llegue a ser carne de presidio". Suelen minimizar el daño producido por el maltrato, recalcando que ellos también fueron agredidos por sus padres/madres y que "ese maltrato" les convirtió en ciudadanos "de provecho".

El mundo de las víctimas del trauma es un mundo opresor y tóxico, donde los únicos hilos conductores que conectan a los miembros de la familia son esas pautas vinculares violentas y coercitivas. Un mundo que finalmente resulta en la atrofia del desarrollo bio-psico-social de sus miembros, envenenándoles la experiencia de la vida con una angustia sostenida.

Es un mundo donde cotidianamente se practica la intimidación , la humillación, la amenaza, el terror y donde se manipula a las víctimas para mantener encubierto el abuso. En ese mundo impera el silencio conspirador, el dolor, el bochorno y el rechazo. A las víctimas mientras son vulnerables se les mantiene suspendidas en un estado de inmovilidad, como adormecidas por el terror, la soledad y el aislamiento social. Sus identidades se desfiguran al punto de que se les convierte en un activo o sea, en la garantía de un ingreso económico y de una vivienda. Para las víctimas del abuso, las madres no se parecen a la imagen de la Virgen María, ni los padres a la figura de San José. SON MADRES que TORTURAN y PADRES que ASESINAN...

LA CONSTRUCCIÓN de IDENTIDADES en FAMILIAS PUERTORRIQUEÑAS con PROBLEMAS de VIOLENCIA

> *"Es lo malo con la servidumbre:*
> *cuando se doméstica a un miembro de nuestra*
> *especie, se disminuye su rendimiento y, por*
> *poco que se le dé, un hombre de corral acaba*
> *por costar más de lo que rinde".*
>
> Jean Paul Sartre

I. Una Reflexión Sobre la Dependencia Política:

Nos parece que ya al finalizar este milenio y entrada la postmodernidad, los puertorriqueños hemos alcanzado a reconocer el hecho histórico de que Puerto Rico es una colonia de los Estados Unidos y no solamente eso, sino que somos la colonia política/económica más antigua del mundo.

Este reconocimiento es tal, que hasta el discurso del sector anexionista puertorriqueño nos habla de los cien años de coloniaje al mismo tiempo que también expresa su indignada protesta por la desigualdad, por la discriminación y por la segregación que practican los Estados Unidos contra los puertorriqueños. Luego resuelven el asunto de nuestra subordinación política y económica reclamando "igualdad" o sea, trato igual para los ciudadanos "americanos:puertorriqueños", admitiendo así, que para los Estados Unidos siempre hemos sido considerados como ciudadanos de segunda categoría.

A nuestro juicio, una de las manifestaciones más concretas y gráficas de esta relación colonial que los puertorriqueños vivimos en nuestra cotidianidad, es el funcionamiento de las aduanas en Puertos y Aeropuertos. Puerto Rico es una nación que nunca ha tenido el poder para definir sus propias fronteras geográficas o políticas. Sus puertas de acceso y de salida son controladas por los organismos de emigración estadounidenses, siendo estos los únicos que sustentan el poder para decidir quién puede entrar y quién puede salir de nuestro país.

Esta falta de inherencia y de control sobre el entorno que demarca nuestras fronteras, genera en los puertorriqueños la sensación de que vivimos en un país sin límites, un país sin paredes. Una sensación de que nuestro país es como un corral que ha sido circundado por una gran verja construida con un frágil cristal transparente.

Los puertorriqueños habitamos esta isla caribeña cuyas fronteras geográficas nosotros no controlamos, como si sus límites fluidos y borrosos se expandieran elásticamente desde el Caribe hasta alcanzar ciudades como Chicago, Nueva York o Miami. Y vivimos como si entre Puerto Rico y Estados Unidos existiera un gran puente colgante ultramarino, que nos permite traficar en tránsito continuo desplazándonos como las olas del mar que van y vienen, en un fluir continuo entre ambas direcciones, y como si cada uno de los extremos de este puente formara parte de una misma, pero más amplia entidad.

El asunto de la naturaleza fluida y permeable de nuestra fronteras nacionales se refleja también en el funcionamiento social de las familias con las cuales trabajamos. Particularmente en el caso de las familias referidas por el Departamento de Familias con Niños de Chicago, hemos comprobado que prevalece una actitud migratoria de movilidad continua entre ambos países. Como cuestión de hecho, a menudo bromeamos con estas familias preguntándoles si es que viven con las maletas hechas todo el tiempo, porque en cualquier momento están listos para trasladarse a Chicago, a Nueva York o a Miami. La naturaleza portátil de estas familias nos ayuda a representarlas en sus procesos cotidianos, como si vivieran simultáneamente con una pierna en Puerto Rico y la otra en Estados Unidos. En un plano macroestructural, la vivencia en las comunidades hispanas (por ejemplo en Orlando) ofrece la impresión subjetiva de que los puertorriqueños han "puertorriqueñizado" a los Estados Unidos.

Nuestra apreciación de esa naturaleza de "movilidad portátil" responde a que encontramos que la idiosincrasia de estas familias les mueve a construir simultáneamente dos espacios vivenciales diferentes, ubicando un lugar de residencia en cada país. Estos espacios son conservados como nichos que les permiten encubrir el maltrato contra los más frágiles y evadir la intervención regulatoria de los gobiernos, cuando estos intentan aplicar sus respectivas leyes de protección de menores y de protección de víctimas de violencia doméstica. Los adultos en las familias maltratantes se mudan y se trasladan entre ambos nichos, según lo consideren necesario optando por intercambiarlos continuamente ante la amenaza de intervención por parte del Estado.

A veces, uno de los miembros de la familia recibe los beneficios de asistencia pública en Chicago, pero "reside" en Puerto Rico. Cuando ya es tiempo de la revisión rutinaria del caso (lo cual ocurre cada tres meses) esta persona viaja hasta el nicho familiar en Chicago con el propósito de comparecer al proceso de revisión.

Para los terapistas de familia cuya orientación es sistémica y estructural, es de primordial importancia identificar la naturaleza de las fronteras que diferencian a cada uno de los miembros de una familia, y que distinguen a un sistema familiar de otro.

Son las fronteras esos límites que ayudan a demarcar la identidad única de un sistema familiar y de una persona. También definen el espacio personal y las funciones que se le atribuirán a cada una de las personas dentro del contexto del sistema familiar. Entender las características de las fronteras de una familia: si son permeables, si son extremadamente rígidas, si son elásticas o extremadamente fluidas, nos permite entender también su ideosincracia.

Cuando nos dimos a la tarea de analizar la naturaleza de las fronteras en estas familias violentas, de inmediato las comparamos con las características de las fronteras nacionales puertorriqueñas. Observamos que en un plano colectivo, existe un paralelismo entre la permeabilidad de las fronteras que median entre Puerto Rico y Estados Unidos, que es comparable con la permeabilidad de las fronteras interiores que median entre los miembros de las familias violentas. En otras palabras, Puerto Rico se encuentra como nación tan abierta y tan expuesta a la intrusión de elementos externos, como las personas individuales de las familias agresoras están expuestas a la intrusión de los elementos maltratantes.

A la misma vez, observamos que existe un paralelismo entre las relaciones de poder de dominación/ subordinación que se dan entre Puerto Rico y Estados Unidos y similares relaciones de poder de dominancia y subordinación que es ideosincrática de nuestras familias violentas.

Si analizamos la naturaleza de los límites que deben diferenciar a Puerto Rico como entidad política de otros paises, encontraremos que no están claros, que son imprecisos y que son transparentes por su ambigüedad. Nuestra larga historia colonial que pesa sobre nuestra vida de pueblo hasta el momento, no nos ha permitido tener el control exclusivo de nuestra propia situación política.

La primera experiencia colonial nos llegó como secuela de la invasión del imperio español al mundo de los taínos. Esta relación colonial duró un poco más de cuatrocientos años y resultó en la transculturación del sistema político y económico español, del idioma español y de la religión católica sobre Boriquén. También resultó en la fusión entre la raza blanca (de los españoles) y de la raza negra (de los africanos) con la raza cobriza de los taínos, cuyo producto final es el puertorriqueño.

La segunda experiencia colonial nos llegó como secuela de la invasión a la Isla, de las tropas norteamericanas en el 1898. Esta ha tenido el efecto de enredarnos en una madeja, o si lo decimos "en puertorriqueño": de embarrarnos en una melcocha con los Estados Unidos de América, que ha sido la potencia mundial más poderosa de la modernidad.

Al momento, continuamos impedidos de tener control sobre nuestras fronteras geográficas y de tomar ciertas decisiones jurídicas y políticas sin la interferencia del Congreso de Estados Unidos. Esta situación de la ausencia de definición sobre asuntos que son vitales para nosotros es tal, que a la altura del cambio de este milenio, los puertorriqueños aún estamos debatiendo internamente entre nosotros, si somos o no somos una nación.

Para racionalizar el bochorno y el sentimiento de desesperanza y de inadecuacidad que nos produce esta falta de poder, hemos construido un discurso político que es igualmente ambiguo y ambivalente: este nos recomienda hacer acopio de "lo mejor de los dos mundos". Es decir, que aceptemos que un poder dominador defina por nosotros lo que habrán de ser nuestros límites, a cambio de que "gocemos" de su "protección" y de que tengamos acceso a "lo mejor de su mundo".

El anterior es un discurso político surrealista que se manifiesta mediante la construcción de un perenne estado de dualidad disociativa que compartimenta nuestras vivencias entre esos "dos mundos": entre las dos banderas, los dos himnos, los dos foros judiciales, las dos culturas y los dos idiomas diferentes. Ese mismo discurso político que nos alienta a identificarnos con el poder colonizador (tal y como algunas víctimas del maltrato se identifican con su agresor) hasta el punto de que algunos de nosotros a veces sentimos la necesidad de ser "mas americanos que John Wayne".

La sociedad colonial puertorriqueña es una sociedad de exclusión donde hemos aprendido a tolerar la segregación de sectores completos de la población que históricamente se han relacionado con las luchas libertarias. En esta sociedad la estructura de poder se caracteriza por no dar margen a las manifestaciones de orgullo patrio, a relacionar el uso de nuestra bandera nacional con una ideología política izquierdista e independentista, y a perseguir a aquellos o aquellas que son independentistas.

Tal contexto colonial obliga a los puertorriqueños a trabajar con sus sentimientos de identificación con la patria, sus sentimientos de pertenencia a su nación y sus raíces étnicas a través de un plano eminentemente afectivo. Es decir, mediante la identificación con el Equipo Olímpico, con las representantes al concurso de Miss Universo, con los equipos de deportes que compiten internacionalmente, con los campeones nacionales de boxeo, con los artistas boricuas que también nos representan internacionalmente y con la excarcelación de los presos políticos.

La expresión de la violencia en las familias puertorriqueñas es también eminentemente afectiva, a diferencia de la expresión de la violencia en las familias de otros contextos culturales o etnias. Hemos observado la tendencia en nuestras familias puertorriqueñas a establecer unas relaciones de amor/odio, por un lado se maltratan y por el otro buscan mantenerse vinculadas.

El carácter de nuestra ideosincracia afectuosa nos hace sumamente difícil aceptar que somos capaces de hacer daño a las personas que amamos, lo que mantiene tanto a víctimas como a agresores (as) en negación de sus relaciones violentas. En esta interacción circular prevalecen unos patrones de conducta insegura y ambivalente.

Los padres y madres puertorriqueños (as) tenemos dificultad con aceptar el proceso del crecimiento y la separación de los hijos (as) al momento de independizarse y marcharse fuera del hogar. Cuando deciden formar su propia familia, preferimos construirle una residencia en los altos de la nuestra o asignarle una habitación dentro de nuestra vivienda. Ciertamente, a los (las) puertorriqueños (as) se nos hace sumamente dificil lidiar con la separación.

Así como los (as) puertorriqueños (as) nos hemos visto impedidos (as) de desarrollarnos a plenitud, y por el contrario históricamente se nos ha reforzado la construcción de imágenes de dependencia mediante la utilización de códigos que enfatizan por sobre todas las cosas, nuestra dependencia económica y política. Así también las familias violentas con las cuales trabajamos, les impiden a sus participantes ser los protagonistas de su pleno desarrollo y evolución.

A los miembros más frágiles de las familias violentas (ya sean mujeres, niños o viejos) no se les respeta su espacio personal sino que se les abusa físicamente, emocionalmente o sexualmente. Sus personas están constantemente expuestas a ser invadidas por la fuerza, y su integridad corporal está expuesta a ser atacada. Porque las fronteras interiores que separan a un miembro del sistema familiar del otro, son borrosas, son fluidas y son completamente permeables; la individualidad y la privacidad de cada cual no se respeta. Según de transparentes son las fronteras exteriores de Puerto Rico, igualmente transparentes son las fronteras interiores de las familias violentas puertorriqueñas.

El desarrollo personal e individual de cada uno de los miembros en estas familias se atrofia a tal grado, que todas sus percepciones son distorsionadas hasta el punto de que terminan confundiendo el afecto con la vulnerabilidad. Piensan que las personas que son afectuosas, son así porque son débiles. Luego entonces, si son débiles se puede abusar de éstas. Sus relaciones sociales y familiares se centran en los opuestos: su reducido mundo se divide entre los débiles a quienes se les abusa, y los fuertes, de quienes se dejan abusar.

En otras palabras, los miembros de las familias violentas, poco a poco van trabajando una fusión de sus identidades individuales hasta que van transformándose en una masa familiar que comparte un ego indiferenciado. Esta masa se mantiene "pegada" entre sí, mediante un entretejido de lazos de poder y de control que regulan las relaciones de dependencia/codependencia.

Al cabo de mucho tiempo de disfunción, la identidad propia y diferenciada se ha ido deformando, hasta que se convencen unos a otros de que son incompetentes para alcanzar su autorealización individual y concluyen que la única alternativa posible, es aceptar esas relaciones de dependencia/codependencia que tanto duelen, pero que consideran tan necesarias para sobrevivir.

En estas familias no puede existir la confianza mutua ni la lealtad. Sus miembros no muestran empatía ante el dolor o el sufrimiento del otro. El discurso de que ella o él "se lo buscó" es martillado constantemente hasta que convencen a la propia víctima de que "hizo algo" que provocó la agresión y de que "se lo merecía". En este contexto, las familias violentas aprenden a aceptar el uso de los métodos coercitivos como una alternativa que se justifica cuando buscamos controlar a los demás.

Los padres maltratantes no ven con buenos ojos que sus hijos alcancen a ser independientes, ni que se fortalezcan mediante un proceso de desarrollo y de diferenciación personal que es tan necesario para llegar a ser una persona autorealizada. Cualquier intento de autonomía por parte de los niños es desalentado, recurriendo a las amenazas intimidatorias y a infundirles temores. Tal es el nivel de riesgo, que las víctimas temen autodefenderse denunciando el maltrato y delatando la gravedad de la agresión. De este modo, a las víctimas del trauma se les lleva a creer que las relaciones familiares abusivas son aceptables y que deben acomodarse dentro de ese ambiente violento que impera en el ámbito doméstico.

Los adultos maltratantes (padres o encargados) son incompetentes para ejercer las funciones ejecutivas que implica su rol de adulto protector y pretenden que sean los niños los que respondan por el bienestar propio. Este desfase en la estructura que organiza al sistema familiar, provoca entonces una inversión de roles entre la diada padre/hijo. En dicha diada, el adulto inconscientemente se posiciona en el espacio social dependiente y periférico. Con esta conducta pasiva logra una reacción complementaria de parte de su hijo, quien simultáneamente se posiciona en el espacio social de función ejecutiva.

Los adultos maltratantes son dependientes e inmaduros emocionalmente. El resultado de esta interacción diádica con padres que son inmaduros y dependientes, es que los niños maltratados se ven obligados a asumir un rol ejecutivo con funciones directivas, que muy pronto le mueve a la independencia prematura. De manera que en estas familias, los niños jamás disfrutan de su niñez puesto que se ven obligados a asumir el rol del adulto.

En las familias cuyo funcionamiento social es efectivo, los adultos están conscientes de su responsabilidad de proveer para el desarrollo óptimo de sus hijos, encaran con madurez tal responsabilidad y lidian con sus necesidades emocionales personales sin pretender que los niños sean los que se las resuelvan.

Sin embargo en las familias agresoras, los adultos maltratantes hacen requerimientos a sus hijos que son inadecuados para la etapa de desarrollo dentro del ciclo de vida en que estos se encuentran, por ejemplo: conocemos varios casos de niñitos menores de cinco años de edad cuyos padres o encargados (abuelos) pretenden que permanezcan solos en su hogar durante las noches o durante días completos y consecutivos, también pretenden que confeccionen sus propios alimentos y que los mayores (niñitos de cinco años de edad) se encarguen de cuidar a los más pequeños (niñitos de dos años de edad).

Opinamos que esta dificultad para demarcar unos límites jerárquicos que sean firmes y claros dentro de la estructura familiar, responde a diversas variables siendo una de estas, esa construcción de la identidad colectiva del puertorriqueño donde se refuerza la configuración de una personalidad dependiente y se insiste en su supuesta impotencia para valerse por sí mismo.

En otras palabras, a un nivel macroestructural los puertorriqueños hasta el momento, hemos permanecido dependientes, políticamente inmaduros y despojados de esa función ejecutiva de liderar nuestro propio destino. A un nivel microestructural, los adultos maltratantes también son dependientes, emocionalmente inmaduros y despojados de su función ejecutiva de liderar a su familia hacia su pleno y auténtico desarrollo.

La construcción de esta identidad dependiente se ha ido codificando macroestructuralmente a través de nuestra historia colonial, mediante un mensaje de indefensión y de inadecuacidad que se difunde a través de muchos medios, siendo uno de estos los códigos de imitación de lo que se considera "lo mejor del otro mundo" .

Tales códigos se refuerzan constantemente a través de todos los mecanismos posibles: por ejemplo, los medios de comunicación masiva se ocupan de exponernos a las imágenes de los modelos dignos de ser imitados y a los que debemos duplicar para sentirnos aceptables. Así son los héroes y las heroínas de la política, de la música, del cine y de la televisión norteamericana que debemos imitar.

Desde el nivel de los grados primarios el mensaje que nos enfatiza el currículo de las escuelas públicas y privadas es sobre lo pequeño de la configuración geográfica de la isla: "Puerto Rico cabe ....tantas..... veces dentro del Estado mas pequeño de los Estados Unidos". También se abunda en la supuesta escasez de recursos naturales que alegan que existe en la Isla.

A los estudiantes puertorriqueños no se les infunde esa admiración y orgullo patrio por la gesta histórica que distinguió a próceres puertorriqueños tales como Eugenio María De Hostos, quien es más reconocido y honrado en la República Dominicana que en su propia patria.

Esta codificación del mensaje de imitación y de identificación con el poder dominador está magistralmente expuesto en la obra CUANDO ERA PUERTORRIQUEÑA de la escritora puertorriqueña Esmeralda Santiago, quien nos describe gráficamente sus vivencias personales cuando ella, su familia y sus vecinos del campo de Puerto Rico donde pasó su niñez temprana, eran sometidos al proceso de endoctrinación:

> "Miss Jiménez vino a Macún el mismo año que el Centro Comunal. Nos dijo que, empezando la semana próxima, desayunaríamos en el Centro, cortesía del Estado Libre Asociado, el nombre oficial de Puerto Rico en los Estados Unidos, los Yunaited Esteits off America. Nuestros padres, dijo Miss Jiménez, debían acudir a una reunión ese sábado, donde expertos de San Juan y de los Yunaited Esteits les enseñarían lo que eran la nutrición e higiene apropiadas, para que todos creciéramos tan gorditos, altos y fuertes como Dick, Jane y Sally, los americanitos en nuestros libros".

Como resultado de esta programación al coloniaje, los puertorriqueños llegamos a minimizar nuestros logros, también la valentía de nuestros próceres y ensombrecemos la historia que nos documenta los esfuerzos libertarios de nuestros movimientos independentistas.

El discurso político tampoco presta mucha atención al hecho de que somos parte del Caribe y de que culturalmente y sociológicamente somos un pueblo netamente caribeño. Sin embargo insiste en elaboradas intelectualizaciones sobre nuestra obligada misión de ser el "puente" entre las Américas.

¿Cuál es el efecto que tiene sobre la conciencia nacional de los puertorriqueños esta despersonalización de nuestra naturaleza caribeña, que perdura en nuestras vidas durante los últimos cien años? Refiriéndose a la construcción de una conciencia nacional dentro de una colonia política (su país de origen - Martinica), el Dr. Franz Fanon nos indica:

> "La conciencia nacional, en vez de ser la cristalización coordinada de las aspiraciones más íntimas de la totalidad del pueblo, en vez de ser el producto inmediato más palpable de la movilización popular, no será en todo caso sino una forma sin contenido, frágil, aproximada."

Luego entonces, este martilleo constante de mensajes derogatorios, presupone la erosión de una clara conciencia nacional en los puertorriqueños y la forma aproximada de ésta, sale a la superficie unificándonos con mayor fuerza, cuando nuestro equipo nacional participa en eventos deportivos internacionales o cuando nuestra representante al concurso de Srta. Universo gana ese galardón.

Por otro lado, el discurso anexionista también es abundante en mensajes que enfatizan esa incapacidad prefabricada que le impide a los puertorriqueños ser un pueblo maduro e independiente. Las manifestaciones de dichos códigos abundan por doquier. Por ejemplo, en algunos parachoques de los automóviles de adeptos al partido anexionista se exhibe orgullosamente un pegadizo con la bandera de Estados Unidos al lado del mensaje que lee:

¿"Qué seríamos sin ella?".

Al revisar la literatura encontramos varios autores que abordan el tema de este proceso disociativo de despersonalización al cual somos sometidos los puertorriqueños mediante el uso de códigos, de signos lingüísticos y también de métodos educativos. Sobre este asunto Gordon Lewis nos señaló:

"Desde un principio al niño puertorriqueño se le ha enseñado historia americana antes que historia de Puerto Rico. Sus capacidades se han desarrollado dentro de una atmósfera colonial, donde los medios de comunicación de masas han representado al populacho una cultura que no es la de ellos, y a la que han aprendido a atribuir todo lo que dentro de su experiencia ha sido digno de encomio.

Los mismos signos lingüísticos del mérito y de la autoridad son los del poder dominador. Así el estudiante puertorriqueño todavía se las arregla con bastante frecuencia para llamar a su maestro "MISTER" en vez de maestro o profesor, como si el maestro fuese un norteamericano. Esto no se aplica solamente al pasado, pues como ha señalado René Marqués, el sentimiento ancestral de desamparo del individuo puertorriqueño todavía le es psicológicamente imbuido a través de métodos modernos de educación que son algo mas sutiles que los usados anteriormente".

Este discurso que es bombardeado en todos los órdenes de la vida puertorriqueña intenta convencernos de que somos frágiles, de que no podemos valernos por nosotros mismos y de que necesitamos vivir a la sombra de un poder dominador exógeno porque solos, como "isla indefensa" que somos al fin, no sobreviviríamos. En otras palabras, va dirigido a convencernos de que los puertorriqueños somos dependientes por naturaleza.

Ciertamente el tema de la supuesta fragilidad del puertorriqueño ha sido estudiado y trabajado por nuestros intelectuales, algunos de estos se unen al coro que predica nuestra indefensión mientras que otros desafían ese discurso dominador, ese discurso oficial y cuestionan su validez. Tal es el caso de la Doctora Alba Nydia Rivera Ramos quien elaboró una investigación sobre el autoconcepto de los puertorriqueños (1993) y al respecto llama nuestra atención señalando que:

"En síntesis, se dice que el puertorriqueño, vale decir, el colonizado, manifiesta rasgos de inferioridad, docilidad, vagancia, sumisión, irresponsabilidad, impotencia, inseguridad, baja autoestima, desmotivación, falta de iniciativa, depresión, desesperanza aprendida, externalidad, falta de conciencia nacional, bloqueo del desarrollo de la conciencia, conformidad, indolencia, falta de creatividad, superstición, fatalismo, violencia, distorsión del tiempo, falta de memoria histórica, irracionalidad; y hasta los rasgos que parecen buenos son manifestados como de carencia; por ejemplo, hospitalidad, solidaridad, amabilidad y emotividad."

Esta ideología de dependencia política tan ampliamente difundida, también se adereza con abundantes y floridas intelectualizaciones cuya meta final es convencernos de que entre Estados Unidos y Puerto Rico existe un "acuerdo común" al cual algunos políticos denominan "pacto bilateral" y que este acuerdo regula las relaciones políticas entre ambos países dentro de un plano de equivalencia. Tal mensaje que se siembra, se abona, se cultiva y se reproduce a través de todos los medios, finalmente llega a estructurarse muy al interior de nuestro inconsciente colectivo.

Así los puertorriqueños llevamos en total, más de quinientos años fabricándonos temores y cargándonos de inseguridades, aprendiendo a negarnos a nosotros mismos a través del tiempo, debatiendo internamente si somos una nación o no lo somos, programándonos para autodesvalorizarnos. El resultado de tal proceso, es que algunos ya han sido convencidos de que es más "fácil" vivir dependiendo, si es que esto es acompañado de la "protección" de un país poderoso, fenómeno al cual Erick Fromm llamó: "miedo a la libertad".

El mensaje de dependencia, ha sido también abordado por algunos intelectuales puertorriqueños quienes han desarrollado y defendido la tesis de que el puertorriqueño tiene un carácter dócil y de que es sumiso por naturaleza. Sin embargo, la realidad con la cual nosotras trabajamos día a día, es que lejos de ser dóciles y sumisos, los puertorriqueños exhibimos colectivamente los niveles más altos de conducta violenta y que tal conducta es evidenciable y ha sido medida en comparación con otras culturas de países que son mayores en extensión territorial. Nosotras hemos vivido personalmente y muy de cerca dicha violencia y podemos afirmar que el nivel de letalidad de la agresión que se da en el ámbito interior de nuestras familias es alarmante.

En un estudio publicado por la revista "Journal of the American Academy of Child & Adolescent Psychiatry" (Vol. 36, Number 9/Sept.,1997) de Crijnen, Achenbach y Vehulst en el cual se compararon las siguientes doce (12) culturas: Australia, Bélgica, China, Alemania, Grecia, Israel, Jamaica, Netherlands, Suecia, Tailandia, Estados Unidos y Puerto Rico, se comprobó que los niños y niñas puertorriqueños entre las edades de seis (6) a ocho (8) años de edad marcaron los puntajes más altos para la Escala de Medición de Externalización, dentro el universo de esas doce culturas estudiadas. Dicha escala mide la frecuencia de síndromes de agresión y de problemas de conducta. Lo anterior significa, que al aplicarles dicha escala, los niños y niñas puertorriqueños alcanzaron los índices más altos de agresión y de problemas de conducta entre todas las doce culturas estudiadas.

Por otro lado, los jóvenes hembras y varones puertorriqueños entre doce (12) y diecisiete (17) años de edad presentaron un patrón revertido, resultando con puntajes más altos en la Escala de Medición de Internalización, es decir en los perfiles depresivos, de somatización y de ansiedad.

Entre los hallazgos más significativos de ese estudio, se encontró que los niños y niñas puertorriqueñas obtuvieron los puntajes más altos que se registraron entre todas las doce culturas en la aplicación de la Escala de Problemas Totales. O sea, que en la categoría inclusiva de externalización e internalización (la de problemas totales) también los puertorriqueños sobresalieron con los puntajes más altos.

Los datos puertorriqueños en esta investigación omnicultural se recopilaron utilizando una muestra de probabilidades cuyo universo abarcó toda la Isla, se llevó a cabo mediante entrevistas que se administraron a los padres y encargados en sus hogares y alcanzó un nivel de realización de un 96%. Dicha investigación estuvo respaldada por una propuesta financiada por el Instituto Nacional de Salud Mental (NIMH).

II. El Asunto de la Dependencia Económica:

Durante el periodo que cubre desde el año 1930 hasta la década de los '80, en Puerto Rico se promovió el establecimiento de políticas sociales apoyadas en la ideología del Estado Benefactor y se difundieron programas y servicios dirigidos a garantizar a los sectores que estaban marginados del mercado de producción aquellas necesidades sociales básicas: la salud, albergue, alimentación, seguridad social (protección) y educación.

El modelo político dependiente se instauró montado sobre la plataforma de un modelo económico igualmente dependiente que postulaba una conceptualización del estado/padre, estado proteccionista que estaba obligado a garantizarle gratuitamente los servicios básicos a las familias que por su pobreza, su falta de escolaridad, o su incapacidad física, quedaban al margen del mercado de producción.   Por tal razón, nuestras familias pobres comenzaron a ser reubicadas de los arrabales que estas habían construido rescatando tierras privadas o públicas, hacia residenciales públicos donde no eran los propietarios de la vivienda.

A la par con dichos procesos de urbanización y reubicación en viviendas públicas, se construyeron centros de salud pública donde se brindaban servicios gratuitos.   También se creó el sistema de educación pública desde el nivel primario hasta el universitario. A las familias pobres se les otorgó la asistencia pública y la asistencia nutricional que les garantizaba un nivel mínimo de ingresos económicos y de alimentos.   También se legisló para extenderles un subsidio por consumo mínimo de energía eléctrica.

Este proceso social permitió que se continuara desarrollando y trabajando el discurso de la dependencia y de la impotencia, el cual aprendimos a racionalizar basándonos en tantos "beneficios" que al fin y al cabo, eran concretos y tangibles. Históricamente se nos ha enfatizado que tal desarrollo se debe a las transferencias federales que se disfrazan como si fueran regalos gratuitos de Estados Unidos.

En otras palabras, nos decimos que gracias a esas "dádivas" que provienen de nuestro socio protector, también somos un pueblo "desarrollado" y "vivimos en abundancia" al punto de que podemos entregarnos al consumo compulsivo de necesidades artificialmente creadas, en lugares tales como las sucursales más grandes de la tierra que tienen las tiendas J C Penneys, Toys'R Us y Big K que están ubicadas en Plaza Las Américas.

Esta dependencia económica ha tallado en nuestra psiquis colectiva y en la individual, a un nivel todavía más profundo e inconsciente, la idea de que los puertorriqueños somos incompetentes e incapaces de ser un país independiente.

III. Sobre los Mecanismos Adaptativos que hemos Desarrollado para la Sobrevivencia:

Decimos que ante tal cuadro de situación macro y microestructural, los puertorriqueños hemos aprendido a racionalizar nuestra condición colonial y el bochorno que ésta nos provoca, recurriendo a diversos mecanismos que no son otra cosa que defensas psicológicas dirigidas a permitirnos sobrevivir dentro de la colonia política más antigua del mundo.

Encontramos que entre nosotros se manifiestan toda una gama de estrategias adaptativas que funcionan a un nivel inconsciente y que se encuentran profundamente arraigadas en nuestra psiquis colectiva. Algunos son catalogados como mecanismos de externalización (tales como el maltrato de menores, la violencia doméstica y la criminalidad) y otros como mecanismos de internalización (como el abuso de drogas y de alcohol y la enajenación a través de la compulsión al consumo). A continuación hacemos un análisis de algunos mecanismos de defensa que nos sirven como estrategias adaptativas a los puertorriqueños y explicaremos como éstos se reflejan en las familias violentas.

• La Danza y la Música

El primero de los mecanismos que deseamos reseñar porque lo hemos observado en las familias violentas y así lo hemos estudiado, es el de la excitación muscular y afectiva que nos produce la música y el baile. Los puertorriqueños somos un pueblo musical por excelencia. La música nos une. En cualquier esquina de cualquier pueblo de la isla, fácilmente podemos encontrar que se "montó una rumba"; y alrededor de las congas y de los timbales, cantamos y bailamos los ritmos caribeños: la plena, la salsa, el guaguancó y el merengue. Pero no estamos solos en este ámbito de la expresión corporal y creativa que es a su vez una expresión libre e ideosincrática, en esto nos acompañan otros pueblos que fueron colonizados y subordinados, y el fenómeno ya ha sido ampliamente documentado por el psiquiatra argelino Franz Fanon (1963):

> "En el mundo colonial, la afectividad del colonizado se mantiene a flor de piel como llaga viva que no puede ser cauterizada. Y la psique se retracta, se oblitera, se descarga en demostraciones musculares que han hecho decir a hombres más sabios que el colonizado es un histérico. Esta afectividad erecta, espiada por vigías invisibles, pero que se comunican

directamente con el núcleo de la personalidad va a complacerse eróticamente en las disoluciones motrices de la crisis.

En otro ángulo, veremos como la afectividad del colonizado se agota en danzas más o menos tendientes al éxtasis. Por eso un estudio del mundo colonial debe tratar de comprender forzosamente, el fenómeno de la danza y el trance. El relajamiento del colonizado es, precisamente esa orgía muscular en el curso de la cual la agresividad más aguda, la violencia más inmediata se canalizan, se transforman, se escamotean".

No es de extrañarnos entonces a los profesionales puertorriqueños de la conducta humana, las razones por las cuales en la mayoría de los hogares que visitamos en nuestra intervención psicosocial, aunque sea pobre la familia o escasos sean sus recursos, encontramos en un espacio prominente de la sala, el equipo completo de música acompañado de los correspondientes discos compactos de salsa y merengue.

Para ilustrar lo antes señalado, aquí citamos la experiencia que tuvimos con una familia del pueblo de Santa Isabel, cuando en medio de una importante entrevista de cualificación para los servicios de protección, se acercó a la casa un automóvil con un altoparlante donde llevaban puesto el disco conocido como "El Venao". Esta es una canción que relata la historia de un hombre a quien su compañera le ha sido infiel y por tal razón le han adjudicado el apodo de "el venao".

En los momentos en que el altoparlante pasó frente a la casa que visitábamos, la madre de los niños interrumpió súbitamente el proceso de entrevista y procedió a cantar en voz alta y a bailar el numero musical, en presencia de su esposo, de sus hijos y de estas dos sorprendidísimas trabajadoras sociales; cual si estuviese en una plaza pública durante unas fiestas patronales. Por supuesto, tan pronto como circuló el altoparlante en otra dirección y ella había experimentado su catársis, continuamos con el protocolo de la entrevista como si no hubiese pasado nada fuera de lo común.

Los festivales playeros de salsa y de merengue que son promovidos por las cadenas radiales y algunas bebidas alcohólicas, las fiestas patronales que se celebran en cada municipalidad y los diversos festivales característicos de los sectores populares como el de la Calle San Sebastián en San Juan, son entre otros, los ejemplos por excelencia que podemos citar para destacar ese disfrute colectivo que experimentamos los puertorriqueños al descargar esta excitación muscular contorsionándonos, aplaudiendo, acompañando en voz alta a los intérpretes de las canciones al punto de que somos considerados como una de las "mejores plazas artísticas" en el mundo del espectáculo. Sabemos que los puertorriqueños también somos socializados en este disfrute de la danza, así que no es de extrañarnos que muchos de nuestros vocalistas alcancen fama internacional.

Las familias maltratantes con las cuales trabajamos suelen disfrutar de la participación activa en tales festivales musicales, en fiestas patronales, verbenas y eventos musicales de carácter popular. A menudo ésta disposición a participar en dichas actividades implica permanecer fuera del hogar hasta altas horas de la madrugada. El problema surge cuando los adultos encargados asisten acompañados de sus niñitos pequeños y con ellos frecuentan billares, barras, o las fiestas patronales y a veces hasta los Moteles, anteponiendo así sus propias necesidades personales por encima de las necesidades de protección, de albergue y de descanso adecuado de sus hijos.

También conocemos madres que frecuentemente dejan solos a sus hijos menores de dos años de edad en su residencia hasta altas horas de la madrugada, para participar en este tipo de actividades sociales. En Puerto Rico la ley de protección de menores tipifica a ambas instancias como conducta negligente y maltratante.

• El Humor

Reconocemos que este es un mecanismo algo más sofisticado que otros, puesto que requiere un nivel cognoscitivo más desarrollado que nos permita alcanzar la capacidad para efectuar operaciones formales o abstractas. El humor es una estrategia adaptativa que nos ayuda a sublimar impulsos destructivos y tendencias primitivas que si las expresáramos de otra forma, no serían socialmente aceptables. Al recurrir al humor y a la risa, estamos liberando energía psíquica y energía física.

En un plano colectivo y macrosistémico, el recurso del chiste y de la risa, también nos permite minimizar el dolor que nos produce nuestra situación colonial. En Puerto Rico el tema del status político está siempre presente, y los asuntos de la política partidista también suelen vincularse con la construcción de bromas relacionadas con el tema. Los puertorriqueños decimos que la política partidista es nuestro deporte nacional y ese es precisamente uno de los ámbitos en que más se manifiesta nuestro humor como recurso. Esta disposición al humorismo es como una válvula de escape que nos permite desplazar sentimientos de coraje y lidiar con la ansiedad que nos produce la dependencia y la ambivalencia producto de la condición colonial.

De esta forma, es común que disfrutemos la ridiculización pública de algunos líderes políticos los cuales cumplen excelentemente la función de chivos expiatorios, hasta el colmo de que algunos aceptan alegremente hacerse eco de los chistes populares que en relación a su persona construye el humor colectivo.

En ocasiones ciertos líderes políticos llegan a parecer personajes de caricatura y visitan los programas humorísticos de radio o de televisión, haciendo suyos los sobrenombres que el humorismo popular les endilga alimentando con su conducta risible el ideario colectivo. Estas instancias son aprovechadas para transformarlos en figuras legendarias del folklore humorístico puertorriqueño y en prototipos del ridículo público.

El resultado final es que todos nos reímos (incluyendo a los aludidos) del ridículo que hace tal o cual alcalde, legislador o jefe de agencia. Este fenómeno también puede suceder con algunos líderes religiosos, con astrólogos, con otras figuras de la vida pública y hasta con figuras mitológicas como lo es el fenómeno del "Chupacabras" inventado por el comentarista político humorista Silverio Pérez.

Sin embargo, no solamente las figuras públicas se elevan al rango del chiste nacional, sino también las protestas políticas y los piquetes. Las huelgas puertorriqueñas son las huelgas más bailadas y cantadas. En casi todas las líneas de piquetes frente a las oficinas patronales, se escuchan las consignas cantadas al son de güiros, congas y pleneras. A los personajes involucrados en el conflicto obrero-patronal se les caricaturiza en las pancartas que suelen dibujarse con colores brillantes.

Para abundar sobre este punto citamos el siguiente ejemplo: durante el año 1987 se escenificó en Puerto Rico (aquí utilizamos el término teatral con toda intención concreta de aplicarlo literalmente) una grandísima marcha que unificó diversos sectores en protesta por la intención que había manifestado el gobierno, de vender nuestra Compañía Telefónica a manos privadas. Esa marcha fue presidida por la figura esculpida en madera y papel maché de una vaca pinta!. !!Sí, de una vaca!!

Al vacuno le endilgaron el nombre de FORTUNATA aludiendo a los anuncios de radio y televisión en los que se mencionaba la fortuna que aportaría a nuestro erario público la propuesta venta de la Telefónica. Del cuello de aquella vaca símbolo, que presidía a los marchantes, colgaba un anuncio que leía: "Fortunata no se vende". Inmediatamente después de este pintoresco "ejercicio de democracia" cuyas imágenes fueron publicadas a través de los medios en Estados Unidos, el gobierno de entonces decidió cancelar la propuesta venta de la Telefónica.

Según afirmamos anteriormente, el desarrollo a través del ciclo de vida de las familias maltratantes se ve interrumpido por unas barreras que han sido levantadas por la privación de los estímulos, por el aislamiento social, la violencia física y emocional, la inatención, la pobre alimentación y por la falta de una supervisión adecuada por parte de los adultos.

Estas barreras para el desarrollo resultan en deficiencias que caracterizan a los trastornos pervasivos del desarrollo, a los trastornos neurológicos, los síndromes de apego inseguro, en fin, a los trastornos mentales que abundan entre los miembros de las familias maltratantes y que se reproducen pasando de generación en generación.

A menudo tales deficiencias atrofian el desarrollo óptimo impidiéndoles a las víctimas del trauma alcanzar unos niveles cognoscitivos más altos, por lo que sus estrategias adaptativas suelen ser menos sofisticadas o avanzadas. Consideramos que esa es la razón que explica la naturaleza y el uso del humor en las familias violentas.

Nuestra experiencia con las familias puertorriqueñas que son violentas, nos lleva a concluir que en éstas el humor existe, pero su manifestación es negativa. Generalmente se le expresa recurriendo a un tono sarcástico con chistes crueles que suelen ser derogatorios contra los demás. El humor en las familias maltratantes no nos mueve a las carcajadas, sino que suscita en el observador unos sentimientos de dolor o una sensación de haber presenciado una agresión en lugar de una broma.

Estas familias muestran mucha dificultad para tratar sus asuntos de forma jocosa. Su sentido del humor se ha deformado y no les sirve como estrategia que les facilite la sublimación de sus sentimientos, sino que lo utilizan como si fuese un arma o un proyectil para atacar a los demás.

Los miembros de estas familias no acostumbran a sonreír con frecuencia. Suelen observarse rígidos y de talante amargado dando a los demás la impresión de que siempre están disgustados. Sus ceños permanecen fruncidos, su desconfianza es generalizada y les mantiene afectivamente distantes de los demás, aún de las personas que les quieren ayudar. En fin, son personas que no han aprendido a utilizar el recurso del humorismo como válvula de escape para lidiar con sus tensiones y conflictos de una forma socialmente apropiada.

• EL Consumo Compulsivo

A Puerto Rico se le promueve comercialmente como: "el Edén" de los vendedores o "el Paraíso de los Compradores" porque constituye una de las mejores plazas de ventas en el mercado de Estados Unidos. Las principales tiendas, negocios de comida rápida, hipermercados, y cadenas multinacionales llegan a esta isla y suelen "romper" todos sus récords de ventas durante la primera semana de establecidas.

En Puerto Rico, toda la población consume: partiendo desde los niños de 0 a 3 años de edad, pasando por los adolescentes, y llegando hasta hombres, mujeres y ancianos. Consumimos todo producto que esté a la venta: cigarrillos, alcohol, pizzas, comida china, multivitaminas, CD Roms, árboles "Ficus", ropa, calzado, automóviles, joyas, luces, adornos y árboles de navidad, pintura, muebles, juguetes, adoquines, masajes corporales, liposucción, trasplantes de pelo, cirugía estética y uñas acrílicas, etc. Otro de los pasatiempos favoritos de los puertorriqueños es visitar los centros comerciales paseándose por sus pasillos desde la tarde hasta la noche y allí compran, comen, beben, entran al cine, juegan en las "maquinitas", en fin, consumen en todo el sentido de la palabra.

El consumo colectivo es compulsivo y de naturaleza tan agresiva, que se ha convertido en un rasgo obsesivo de nuestra personalidad colectiva. La acumulación de bienes materiales que en realidad son necesidades artificiales que han sido creadas por la propaganda, la presión que origina la competencia por adquirir el último "grito de la moda", el acaparamiento egocentrista de los productos de primera necesidad ante cada amenaza de huracán, constituyen algunos de los indicadores de esa gran importancia que atribuímos a lo concreto y lo tangible, a "lo que se ve".

En este mundo de acaparamiento y de acumulación de bienes materiales, observamos a nuestras familias también compitiendo por demostrar públicamente un cierto nivel adquisitivo, lo cual se traduce en exhibir decoraciones corporales tales como tatuajes, pantallas en la lengua, en las tetillas, en las cejas y artísticos recortes de pelo con diseños (palabras o combinación de colores).

También suelen disfrutar, desde los muy jovencitos hasta los adultos, de portar joyas tales como cadenas de cuello con nombres, iniciales y objetos (por ejemplo un ancla, un bote, un camión de arrastre), múltiples pulseras en las muñecas, múltiples sortijas (una en cada uno de los dedos de las manos), cadenas en los tobillos y sobretodo largas uñas pintadas en colores fuertes tales como el negro, el verde monte, el color vino y el gris metálico.

A nuestro juicio, esta compulsión colectiva al consumo de bienes materiales (muchos de estos siendo necesidades artificialmente creadas) cumple la función de autoconvencernos sobre lo bien que nos sentimos con nuestras circunstancias de vida. Sin embargo, no solamente debemos convencernos a nosotros mismos, sino que es menester también hacer un gran esfuerzo por convencer a los demás de tal bienestar, de modo que alardeamos sobre aquello que poseemos con el fin de testimoniar públicamente nuestro "progreso".

• EL Desplazamiento de la Agresión

La séptima edición (1996) del Diccionario Psiquiátrico editado por Robert Jean Campbell, M.D. y publicado por Oxford University Press señala que el término "ira" describe una reacción primitiva que ocurre antes de la formación de las representaciones objetales y el término "odio" describe un tipo de representación de la agresión que se dirige hacia un objeto. Indica que existen más de 200 definiciones de la agresión y que la mayor parte de los escritores coinciden en la presencia de un elemento esencial que es la intención de hacerle daño a otro, ya sea físicamente o psicológicamente.

En este diccionario el término agresión se refiere al uso de la fuerza (no necesariamente física) para vencer la resistencia que le presenta un objeto, persona u organización ante la voluntad de uno de los participantes de una lucha o conflicto. El uso de la fuerza va dirigida a lograr los resultados según la voluntad e intención que tiene el adversario más fuerte. La ira, el coraje y el odio son concomitantes internos frecuentes en la agresión.

Seleccionamos el término agresión según ha sido definido en el señalado diccionario psiquiátrico, por considerar que es descriptivo de las relaciones diádicas que encontramos en las familias maltratantes y que describe las cadenas secuenciales de las interacciones mutuas entre los participantes del conflicto familiar.

Encontramos que para las personas, existen dos alternativas de lidiar con la agresión: una es dirigiéndola hacia adentro (internalización) tal es la situación cuando se deprimen, se autoagreden cortándose o lacerándose el cuerpo o cuando se suicidan. La segunda forma de lidiar con la agresión es dirigiéndola hacia afuera (externalización), tal es la situación cuando se presenta conducta antisocial, se delinque o se agrede a los demás.

En las páginas anteriores de este libro, hemos enfatizado el carácter violento de las relaciones sociales que regulan las interacciones entre los puertorriqueños. Nuestra gente acostumbra a externalizar sus sentimientos de agresión desplazándolos horizontalmente contra otros puertorriqueños, la mayoría de las veces aquellos que se consideran más débiles o mas frágiles.

Esa es la dinámica que permea nuestra cotidianidad en los lugares públicos, por ejemplo en las carreteras del país, particularmente en las del área metropolitana cuando los choferes varones más jóvenes conducen violentamente sus automóviles como si fuesen vehículos de guerra sacando agresivamente de su paso a cualquiera que se encuentre en su camino.

Las mujeres choferas, especialmente las de mayor edad (debido a que culturalmente son consideradas mas débiles) suelen ser los blancos preferidos contra quienes se desplaza la energía agresiva de los jóvenes varones al volante. Estas son agredidas en una y mil maneras: bloqueándoles el paso, gritándoles insultos, lanzándoles los carros encima o mediante "cortes de pastelillo" y haciéndoles gestos impropios.

Sin embargo, esa no es una manifestación del desplazamiento de la agresión aislada, también existen otros indicadores de nuestros altos niveles de violencia tales como son las frecuentes muertes entre nuestros jóvenes (hembras y varones) que están vinculadas a la criminalidad, las muertes de mujeres a manos de sus esposos, la de hermanos a manos de sus hermanos y hasta la de padres a manos de sus hijos. En Puerto Rico se comenta que el contenido de las noticias reseñadas diariamente en uno de los periódicos de mayor circulación, es tan violento que si lo exprimieran destilaría sangre.

Este fenómeno del desplazamiento de la agresión entre los colonizados no es exclusivo de Puerto Rico. Por el contrario, fue un fenómeno también observado y conceptualizado por el psiquiatra argelino Franz Fanon, durante los tiempos en que Argelia era una colonia política de Francia y que él trataba a sus compatriotas argelinos por trastornos mentales. Fanon identificó mediante su práctica psiquiátrica que los argelinos reprimían su violencia ante el colonizador francés, y a la misma vez la dirigían contra los congéneres colonizados desplazándola horizontalmente. En su clásico análisis de LOS CONDENADOS DE LA TIERRA, Fanon así lo explica:

"Una segunda cosa debería llamar nuestra atención: en Argelia la criminalidad argelina se desarrolla prácticamente en círculo cerrado. Los argelinos se robaban entre sí, se desgarraban entre sí, se mataban entre sí. En Argelia, el argelino apenas atacaba a los franceses. En Francia por el contrario, el emigrado creará una criminalidad intersocial, entre los distintos grupos."

Es decir que la agresión no se dirige hacia la fuente que origina el abuso del poder por razón de su posición de dominancia, pues ciertamente se le considera como más fuerte que aquel que está en la posición subordinada. En cambio esa violencia se dirige contra los demás colonizados desplazándose lateralmente contra los mas frágiles en la configuración de un círculo cerrado. Los puertorriqueños, al igual que los argelinos en la colonia, se roban entre sí, se desgarran entre sí, y se matan entre sí, pero cuando migran a Estados Unidos su violencia se desplaza contra otros grupos étnicos minoritarios.

En las familias agresoras con las que trabajamos observamos un fenómeno similar. En éstas, las pautas vinculares entre los miembros del sistema familiar están reguladas por el poder dominador que ejerce la persona a quien se reconoce como el más fuerte. La intención de la agresión es vencer la resistencia del participante mas frágil (y por lo tanto, menos poderoso) para controlar su conducta.

El padre o madre maltratante intenta controlar cierta conducta no deseada presentada por su hijo o hija, siendo este precisamente el hijo o hija que suele reclamarle mas atención que los demás. En las pautas vinculares entre la diada maltratante/maltratado, se observa que este último ignora las instrucciones que le imparte el padre, y que el padre percibe tal inatención como que "no quiere obedecerle".

Este niño le presenta una resistencia que es unas veces activa y otras veces pasiva. Dicha resistencia es a su vez contestada por el padre con agresión (mecanismos coercitivos). Pero esta agresión del padre o la madre no tiene el efecto directo de extinguir la conducta no deseada en el niño. Por el contrario, a mayor agresión del adulto maltratante, mayor será la resistencia presentada por el hijo o la hija. En esta secuencia en cadena de tales pautas vinculares, el padre interpreta la resistencia del hijo como un desafio y en su próxima respuesta, también desatará una mayor coerción.

Así se desencadenan entre ambos unas secuencias de interacciones circulares que van cristalizándose con el tiempo y convirtiéndose en pautas vinculares repetitivas entre la persona poderosa y la persona subordinada. El nivel de agresión en dichos intercambios, continuará escalando progresivamente hasta que el riesgo del niño o la niña sea grave y letal.

En este intercambio circular estereotipado, el adulto tiene unas expectativas irreales en relación a la capacidad que tiene el menor para cumplir con lo que se le está ordenando. En otras palabras, magnífica la capacidad del niño o de la niña y luego cuando estos no le responden como esperaba, les atribuye intencionalidad o "mala fe" a su conducta. Sin embargo, la respuesta del niño o de la niña, no es necesariamente oposicional o desafiante, el asunto es que el adulto en su distorsión perceptiva la interpretará como un desacato intencional ante su directríz o deseo.

Tomemos como ejemplo descriptivo de lo anterior, los casos de los bebés que fueron asesinados en Bayamón por su madre y por su padrastro respectivamente. Ambos eran tan frágiles y pequeños, que a cualquier persona le parecería absurdo atacarlos en la propia cuna en que yacían antes de morir.

El asunto es que las investigaciones sobre el tema de los infantes que mueren a consecuencia de las palizas recibidas, indican que la mayoría de estos han muerto porque según alegaron sus agresores, en sus últimos momentos de vida presentaban un llanto incontrolable.

Cuando se le preguntó a los agresores: "¿ porqué le golpeó hasta matarle?" Con mayor frecuencia éstos contestaron : "porque no quería dejar de llorar". Es decir, que en lugar de interpretar el llanto como un intento del infante por comunicar alguna necesidad tal como el hambre, el frío o alguna otra incomodidad, los agresores lo interpretaban como un desafío ante su reclamo de que deje de llorar. Y en este esfuerzo por lograr controlar al infante, le agredían físicamente logrando precisamente todo lo contrario, que llorara con mayor fuerza y con más estridencia hasta que la agresión fue fatal.

En las familias violentas aquel que tiene mas fuerza, la utilizará contra el que tiene menos fuerza con la intención de controlarle, y en este sentido las relaciones entre los participantes del conflicto familiar reproducen las relaciones de poder que caracterizan a las relaciones humanas en el contexto de las sociedades estratificadas jerárquicamente. En el caso de las familias maltratantes, ejercerá el PODER aquel que tenga una mayor fuerza física para conseguir los resultados que desea.

Para los terapistas de familia con una orientación estructural, la distribución y la utilización del poder dentro del sistema familiar, adquiere singular importancia por considerarse que existen unas funciones ejecutivas que son atribuibles a los adultos. Sin embargo, como hemos dicho antes, encontramos que en las familias maltratantes los adultos suelen ser inmaduros y dependientes además de ser impulsivos. Tales atributos les llevan a ser incompetentes para lidiar con la conducta de sus hijos utilizando la razón, o recurriendo a estrategias de modificación de conducta y recurren al uso indiscriminado de la fuerza física o a la coerción psicológica.

Por otro lado, sus rasgos de impulsividad les mueven a desatar una ira incontrolable cuando se ven ante situaciones frustrantes que les producen tensión, tal explosión de ira, generalmente se desplaza hacia la persona mas frágil en la configuración del sistema familiar. A menudo el objeto de la agresión será su pareja.

La cultura puertorriqueña es una cultura principalmente machista en la cual se trabaja una construcción social de la masculinidad que le confiere a los hombres el papel hegemónico. En Puerto Rico a los hombres se les reconocen unos privilegios que les brinda el acceso a unas mejores oportunidades que las que se le conceden a las mujeres. Culturalmente y sociológicamente, en Puerto Rico los hombres y mujeres NO son equivalentes. Por regla general, a los hombres puertorriqueños se les adjudica una posición social de dominancia mientras que a la mujer, una de subordinación. En este sentido coincidimos con el Dr. Rafael Ramírez cuando señala:

> "Asignar a los hombres las ocupaciones de mayor prestigio, poder decisional y mejor remuneración económica en mayor proporción que a las mujeres responde tanto al dominio que los hombres ejercemos, como a la exigencia cultural o ideológica dominante que establece que el hombre debe ser proveedor, o por lo menos el proveedor principal. ...El ser proveedor confiere poder en el ámbito doméstico y prestigio en la comunidad."

A pesar de que esto es así, no queremos confundir dicha construcción social con el asunto de la agresión. De todos modos no estamos diciendo que todos los hombres puertorriqueños son hegemónicos y dominadores, y por lo tanto maltratantes. Sin embargo, sí afirmamos que en el interior de estas familias violentas y disfuncionales, los hombres intentan controlar a su pareja y a sus hijos mediante mecanismos coercitivos. El asunto es que no se proyectan como hombres seguros de sí mismos, sino que experimentan sentimientos de inseguridad y funcionan como personas dependientes y controladoras. Son celosos, temerosos y se sienten fácilmente amenazados.

Cualquier situación que pueda alimentar dichos sentimientos de inadecuacidad en su relación de pareja, le hará sentirse amenazado y aumentará su disposición a mantener a ésta subyugada y oprimida. El agresor, se tornará más cruel y controlador mientras más inseguro se sienta en comparación con su pareja, ya sea porque ésta es mejor proveedora que él, porque sea más educada o sofisticada que él, porque sea en estatura más alta que él, porque sea más atractiva que él o porque provenga de una familia socialmente más exitosa que la de él.

A la mujer maltratada no se le permite margen para crecer como persona y para desarrollarse, no se le reconoce ningún talento y frecuentemente se le bloquean las oportunidades de continuar estudiando o de mantener un trabajo asalariado. Por un lado se le humilla y se le priva de cualquier reconocimiento a sus logros y por otro lado se le explota utilizándola como un objeto. Tanto se le martilla el discurso de incompetencia y de incapacidad, que a muchas mujeres maltratadas se le atrofian sus defensas y en algún momento llegan a creerle al agresor que es verdad que tiene que mantenerse junto a él para poder subsistir.

Según mencionamos en páginas anteriores, la violencia familiar no va en una dirección lineal sino circular. Es un complejo fenómeno que se manifiesta en interacciones circulares entre las díadas y tríadas que componen los miembros más fuertes y los más frágiles. El hombre maltratante agrede a "su mujer". La mujer maltratada a su vez, desplaza su frustración contra sus hijos; quienes son blanco de la descarga de la ira que le provoca esa relación de pareja conflictiva y abusiva. Esta mujer dirigirá su coraje particularmente hacia aquellos niños hiperactivos, hacia los que tienen alguna condición de salud que demande mayor atención de su parte o hacia el que se le parezca más al padre agresor, ya sea física o conductualmente.

La mujer que es maltratada por su pareja, desarrolla una baja autoestima puesto que se le ha convencido de que no es capaz de ser independiente. Su condición de explotada le abochorna. Se le mantiene socialmente aislada, lo cual le infunde una mayor sensación de esa soledad que le separa de los demás. Tal situación de vida, le lleva a desarrollar una indefensión aprendida que le sumergirá aún más en las profundidades de una relación codependiente con el maltratante. La mujer maltratada igual que los pueblos colonizados en algún momento de su vida han sufrido de "miedo a la libertad".

En las familias con las cuales trabajamos, la madre maltratante objetiviza a sus hijos, percibiéndolos y relacionándose con éstos como si fuesen un objeto que valorizan como a un activo. Los hijos pueden ser los medios para comprometer a un hombre deseado o pueden representar algún beneficio tangible como por ejemplo, la participación en unos bienes adquiridos por el padre. También pueden representar un ingreso económico estable (ya sea por la pensión alimentaria o por la asistencia económica y nutricional que le otorga el gobierno). Según nos han verbalizado, otras veces consideran que al procrearles hijos están garantizando que retendrán la compañia del hombre.

El hogar de la familia maltratante es también su prisión. Dentro de este contexto doméstico el más vulnerable de los miembros del subsistema fraterno, se convierte en el blanco de las frustraciones de los padres maltratantes.

De modo que los niños víctimas de la agresión de su padre y de su madre también a su vez desarrollan sentimientos de indefensión, de baja autoestima y de inadecuacidad. Las relaciones materno/paterno filiales caracterizadas por las interacciones violentas y coercitivas logran atrofiar a los niños, aprisionándolos dentro de unas pautas vinculares rígidas y disfuncionales en donde aprenden a ser codependientes de los adultos maltratantes y a identificarse con su agresor.

La agresión es como un monstruo que carcome el cerebro, el cuerpo y el alma de los protagonistas de la violencia familiar. También los niños aprenden a lidiar con los sentimientos de dolor y culpa que le provoca el maltrato, convirtiéndolos en acciones coercitivas, en coraje y en agresión lo cual desplazan contra sus hermanos, siendo siempre el blanco perfecto aquel hermano menor o aquel hermano que se considere el mas frágil.

Finalmente el círculo de poder y de control se cierra, y a medida que los niños maltratados crecen en edad cronológica, en estatura y en fuerza física, se van identificando con la figura del agresor deformándose y transformándose paulatinamente en agresores. Simultáneamente los adultos maltratantes van progresando en su ciclo de vida y continúan acumulando años de edad, perdiendo fuerza física y por lo tanto tornándose más vulnerables.

Cuando el hijo maltratado alcanza una estatura o fuerza física que le faculta para ser más poderoso que su padre o madre maltratante, llegará a agredirlos física y emocionalmente, o cuando a éstos se les quebrante su salud por la vejez, les abandonaran a su propia suerte.

La violencia familiar va carcomiendo el potencial humano para alcanzar un desarrollo óptimo y destruye toda posibilidad de desarrollar un Ego cuyas funciones estén completamente integradas y bien balanceadas. La agresión se mueve como un relámpago o una descarga eléctrica, desde arriba hacia abajo, partiendo de los más fuertes chocando contra los más débiles cual si fueran "pararayos". Sus cicatrices marcarán a todos los protagonistas para toda la vida, algunos se convertirán en pacientes psiquiátricos, otros en transgresores juveniles y otros en depredadores antisociales.

Ahora que conocemos la dinámica de las interacciones cohersitivas en el interior de las familias maltratantes, es menester que escuchemos las voces de los niños y niñas que son víctimas del trauma....

LOS NIÑOS MALTRATADOS HABLAN....ESCUCHEMOS

"Esa furia contenida, al estallar, gira en redondo y daña a los propios oprimidos. Para liberarse de ella, acaban por matarse entre sí: las tribus luchan unas contra otras al no poder enfrentarse al enemigo y naturalmente, la política colonial fomenta sus rivalidades; el hermano al levantar el cuchillo contra su hermano, cree destruir de una vez por todas la imagen detestada de su envilecimiento común."

Jean Paul Sartre

La experiencia nos ha enseñado que la intervención psicosocial con familias violentas es una subespecialización que reclama (para ser efectiva) un equipo transdisciplinario compuesto por el psiquiatra de niños y adolescentes, el psicólogo clínico, el trabajador social clínico y por gerentes de casos que también deben ser profesionales de la conducta humana.

Dicha intervención, tendrá que ser ecológica y probablemente abarcará el más amplio espectro del funcionamiento social de las personas atendidas o sea, también tendrá que ser multisistémica. En el proceso de ayudar a personas violentas a dejar de serlo, y a las víctimas a apotestarse, probablemente será necesario que nos movamos hasta el salón de educación especial, hasta la sala del Tribunal de Menores, a la Institución Juvenil, a la oficina de Servicios Legales, al Departamento de la Familia y por supuesto, al hogar de la familia atendida. De manera que los casos que aquí reseñamos fueron trabajados por un equipo clínico transdisciplinario utilizando una perspectiva multisistémica y ecológica.

A los fines de aprovechar al máximo el espacio en este libro, hemos hecho una selección de algunos casos que presentan las características típicas de las pautas vinculares que observamos en las familias maltratantes con las que hemos trabajado. Aquellos lectores que conocen de cerca a las víctimas del abuso, podrán identificar en estos ejemplos el reflejo de muchos patrones similares a los de situaciones ya conocidas.

A los lectores que no los conozcan de cerca, sino que los observan a través del prisma de las noticias sensacionalistas que a menudo se publican en la prensa del país, les servirán para relacionarse con las vivencias que anteceden a la historia publicada.

Esperamos que a todos nos sirvan para obligarnos a reflexionar sobre la responsabilidad que compartimos en relación al sufrimiento de las personas maltratadas. Ante la realidad de las manifestaciones de altos niveles de letalidad en nuestra sociedad puertorriqueña postmoderna, algunos de nosotros pecamos por comisión y la otra mayoría pecamos por omisión.

Los nombres en las historias aquí reseñadas y algunos de sus detalles, han sido cambiados para proteger la confidencialidad de las situaciones presentadas. El propósito de compartirlas con los lectores, es puramente didáctico.

El padrastro contra la hijastra, el padre contra la madre, el padre contra sus hijos, la madre contra sus hijos, los hijos contra sus padres, los nietos contra los abuelos, el hermano más fuerte contra el hermano más débil, esa es la realidad cotidiana que viven durante el día y la noche los niños víctima del trauma. Para ellos, la experiencia de la vida familiar es dolorosa, en sus familias la agresión es el vehículo de expresión y de comunicación por excelencia.

La tensión, el miedo y el terror son el alimento puesto cada día sobre la mesa. La soledad, y el aislamiento, el no encontrar a nadie a quien acudir en esas noches tenebrosas que infunden pánico. No tener a nadie que responda a su quejido o que atienda su llanto. A nadie que le cure su fiebre, que le alivie su dolor dándole un beso en la herida, o que le ofrezca un alimento caliente cuando siente hambre. Nadie que tiernamente le de un beso en la frente, o un abrazo afectuoso y una bendición antes de acostarse y que luego vele su sueño; así es la vida de los niños maltratados con quienes trabajamos. Los niños maltratados han sido abandonados a su propia suerte, pero nos hablan sobre sus vidas y nosotras aprendimos a escucharlos con atención y respeto...

◯ Caso Núm. 1

Cuando le conocimos tenía 8 años de edad. Se llama Gerardo y lleva solamente el apellido de su madre porque su padre biológico nunca quiso reconocerlo legalmente. Su madre terminó el bachillerato con una concentración en Mercadeo, pero nunca ha tenido un trabajo estable porque sufre un serio problema de alcoholismo. Juntos han vivido en diferentes lugares de Estados Unidos: en Boston, en Orlando y en New York.

Mientras vivían en New York los servicios protectivos de esa ciudad intervinieron con la familia debido a que Gerardo (a los 4 años de edad) había aprendido a quedarse solo en el apartamento en que residían ambos, durante días y noches consecutivas mientras su madre consumía alcohol hasta la inconsciencia en los bares del vecindario. Ella solía "encargárselo" a una vecina a quien le dejaba la llave de la puerta principal "por si pasaba algo".

Un buen día llegó la trabajadora social, lo encontró solo en el apartamento, asumió la custodia protectora de Gerardo y procedió a ubicarlo en un albergue de protección para niños maltratados. De allí fue secuestrado por su mamá, quien de inmediato se trasladó a un pueblo del interior de la Isla tratando de evadir los servicios protectivos de New York.

Gerardo es un niño de piel cobriza como la de los indios taínos, de estructura física muy delgada y de apariencia frágil. Su madre alegó que lo sustrajo sin autorización de la jurisdicción legal de Estados Unidos, porque en el albergue en que le ubicaron lo discriminarían por "no ser blanco" y "por ser puertorriqueño". Ella alegaba que nunca le había maltratado y minimizaba su abuso del alcohol negando también que le provocara problemas de funcionamiento social.

A Gerardo lo trajo a nuestra consulta su tío materno quien se expresó preocupado por la seguridad física y emocional del niño. Cuando lo conocimos, el terror se dibujaba en su mirada y su actitud era de constante hipervigilancia. Sus grandes ojos color negro azabache parecían querer saltar de las cuencas. Se había comido las uñas hasta que la carne quedaba expuesta, lo que era reflejo del estado de ansiedad sostenida bajo el cual vivía.

El tío le había comunicado a la madre su intención de traerlo a recibir ayuda profesional, pero ésta no se encontraba en la casa al momento en que fue a buscarlo para la cita. Según relató, hacía dos días que había salido para el trabajo y no había regresado al hogar, desconociéndose cual era su paradero. Cuando el tío lo fue a buscar, Gerardo estaba en la casa con su abuelo materno de 92 años de edad, quien se ocupaba de supervisarlo. Gerardo no asistía a la escuela.

La madre de Gerardo llegó a los quince minutos de que el niño y su tío estuviesen en nuestra oficina. Al verla el niño quedó sobrecogido, dejó escapar una exclamación: "AY"!! y salió corriendo a esconderse bajo una mesa. Estando ya protegido debajo de la mesa, procedió a "acurrucarse" contra una de sus esquinas asumiendo una posición fetal.

De inmediato solicitamos a la madre y al tío las autorizaciones de rigor y comenzamos a trabajar en el protocolo para el cernimiento de la situación. Muy poco después, el tío materno de Gerardo abandonó la oficina alegando que ya había hecho "lo que podía" por el niño y que no deseaba hablar nada más con su hermana.

Con mucha renuencia, la madre de Gerardo nos ayudó a construir el genograma familiar, pero en esta entrevista solo fue posible identificar dos generaciones debido a la resistencia presentada por la fuente de información. Procedimos entonces a trabajar con el niño.

Durante el juego con la casita de muñecas y con la familia de juguete le pedimos que nos describiera la rutina diaria que "pasan los niños desde que se levantan". Gerardo, comenzó a hablarnos de una familia en la cual todos los personajes eran niños, en otras palabras no señaló a ningún adulto, todos eran "el niño" o "el hermanito" y "la hermanita". No identificó a las figuras de juguete que representan al padre y a la madre en dichos roles, tampoco los identificó como adultos.

Para describir la rutina diaria, tomó la figura del "niño" y lo sacó de la cama diciendo: "el niño se levanta", lo llevó al baño y dijo: "va al baño" (lo sentó en el inodoro), lo bajó al segundo piso y lo ubicó frente a la T.V. diciendo: " y se sienta a ver televisión".

Cuando se le preguntó:¿ y el niño no va a la escuela?, contestó: "No, el niño no sale de su casa". Luego llevó la figura del niño hasta la cocina. Se le preguntó: ¿dónde está la mamá? Contestó: "la mamá no está"... Se le preguntó: ¿ y quién protege a los niños? Contestó: "los niños se protegen ellos mismos"...

Poco después, como parte del protocolo de evaluación se le entregaron papeles y crayolas de colores para que dibujara la familia. Seleccionó una hoja separada para dibujar la figura de "la mamá". Escogió la crayola roja y procedió a hacer un dibujo con trazos regresivos, en el cual proyectaba tensión y ansiedad. La figura era grande en proporción al papel.

Al finalizar el dibujo preguntó: ¿aquí hay tijeras? y se le proporcionaron las tijeras. Tomó las tijeras y procedió a cortar poco a poco la figura de la madre por el mismo centro de lo que sería el tronco del cuerpo, de abajo hacia arriba, empezando por los pies haciendo un esfuerzo por seguir el trazo dibujado. Comenzó por la pierna izquierda y continuó subiendo cuidadosamente corte por corte hasta llegar al centro del pecho muy cerca de donde se ubicaría el corazón. Entonces detuvo la acción de cortar y no llegó a partir el dibujo en dos. [Dibujo #1]

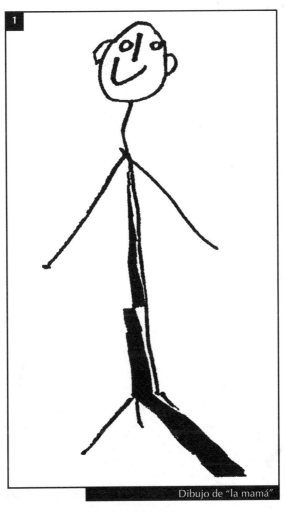

Dibujo de "la mamá"

El niño continuó trabajando con el dibujo de la familia,
[Dibujo #2] tomó otra hoja de papel y pasó a dibujar a
"Gerardo y sus hermanos gemelos". Dibujó tres figuras
en secuencia, idénticas, ubicándolas una al lado de la
otra, y los describió diciendo que sus nombres eran:
"Gerardo", "Josue" y "Jason"....." sus hermanitos
gemelos". Los terapistas quedaron sorprendidos puesto
que conocían que Gerardo era el hijo único de su mamá.
Sobre el dibujo de él y sus "hermanos" explicó que eran
hermanos "iguales a él".

Resultó que Gerardo era víctima de un abuso ritualista
en el cual la mamá siempre le amenazaba advirtiéndole
antes de salir a beber que "no te busques problemas" y
solía infundirle mucho temor con el propósito de que no
saliera de su casa a buscar la ayuda de adultos.

Dibujo de "la Familia"

Al regreso de cada una de sus frecuentes salidas, le agredía físicamente si éste no la dejaba "descansar tranquila" o si le presentaba cualquier reclamo. El mensaje que le repetía era de que él era "todo un hombrecito" que tenía que responder por su comportamiento y tenía que hacerse cargo de su propio bienestar. Aún cuando la mamá estuviera presente en la casa, Gerardo estaba abandonado a su propia suerte.

El abuso había afectado el desarrollo de la personalidad de Gerardo de tal forma, que en su mundo no podía reconocer figuras de adultos protectores, solo niños protagonizaban los eventos significativos en sus juegos. Una de las características de los niños maltratados es precisamente ese desapego que desarrollan como consecuencia de tener que valerse por sí mismos. Los niños que no han recibido un cuidado empático y protector como Gerardo, desarrollan una independencia que es prematura.

Por otro lado, el aislamiento social y la soledad generaron en este niño unos procesos disociativos mediante los cuales construyó inconscientemente una fantasía en torno a su situación de vida. Su personalidad se disociaba al inventar a dos supuestos hermanos que le hacían compañía y a quienes percibía como si en realidad existieran. Gerardo sufría de un síndrome de disociación patológica.

La Asociación Psiquiátrica Americana (1994) ha definido el término: "disociación patológica" como una disrupción en las funciones usualmente integradas de la conciencia, la memoria, la identidad o la percepción del ambiente. A tan corta edad, Gerardo presentaba indicadores de un marcado deterioro psicológico y de funcionamiento social.

Ante este cuadro de negligencia y de maltrato ritualista y en cumplimiento con las disposiciones de la Ley 75 de Protección de Menores, fue necesario referir la situación a los servicios protectivos del Departamento de la Familia.

Caso Número 2

Hiram llegó a nuestra consulta a los 10 años de edad. Medía cinco pies de estatura y pesaba cerca de 160 libras. De constitución física fuerte, prontamente se relacionó con el equipo clínico como si fuese un adulto más. Es comunicativo, tiene destrezas verbales y destrezas sociales, pero a quien le observa le da la impresión de que está ante "un niño que parece un viejito". Proviene de una familia pobre y de escasa escolaridad. La madre se desempeñaba como ama de casa y el padrastro trabajaba en la construcción. Los hermanos habían abandonado la escuela en el nivel intermedio, ninguno de estos completó la escuela superior.

Fue referido a nuestros servicios para modificación de conducta con un diagnóstico de trastorno de conducta negativista y desafiante. No respetaba a sus padres y no aceptaba la disciplina de éstos. Le pegaba a sus sobrinitos más pequeños y ante cualquier frustración rompía los artículos del hogar. Simultáneamente recibía servicios para víctimas de abuso sexual.

Durante la entrevista inicial se construyó el genograma el cual nos presentó la siguiente configuración histórica del sistema familiar: Lydia su madre biológica, tuvo cuatro hijos en dos matrimonios. La custodia legal de sus tres hijos mayores (22, 20 y 19 años de edad) había sido concedida al padre biológico de éstos cuando tenían 10, 8 y 7 años de edad respectivamente, por mediación del Tribunal Municipal del pueblo en que residían. En los momentos de la determinación de la custodia física y legal, los niños alegaron maltrato por parte de su mamá y se dispuso que pasaran a residir con su padre biológico, mientras que Lydia se regresó al hogar de su familia de origen. Ella accedió a someterse a tratamiento de salud mental, en interés de recobrar la custodia de estos hijos algún día.

Poco después conoció al padre biológico de Hiram, a quien se unió consensualmente. Meses más tarde nació Hiram. Aunque los hijos mayores de Lydia alegaban que ésta les maltrataba, continuaron visitándola y pernoctaban esporádicamente en su residencia. El comportamiento de éstos era errático y bastante agresivo hacia la madre. La agredían verbalmente y luego la amenazaban con "llamar a Servicios Sociales" si ella los reprendía.

Debido a que Hiram era el niño menor, era el más frágil en aquel tiempo, y también el hijo procreado por Lydia con otro padre biológico, rápidamente se convirtió en el blanco del desplazamiento del coraje que sus hermanos maternos mayores abrigaban contra su madre. Esta función de "parachoque" de la agresión de los hermanos dentro de la dinámica familiar, se reflejaba claramente en los relatos de la madre, quien nos señaló que cuando Hiram lloraba por el hambre siendo un bebé, sus hermanos le lanzaban agua fría de la nevera "para que se callara".

Cuando ella les pedía ayuda en la atención del niño, le calentaban la leche hasta que hirviera, logrando quemarle el paladar al bebé. Esta actitud provocaba que Lydia y su esposo sobreprotegieran a Hiram mientras era más pequeñito, lo que a su vez reforzaba la agresión sostenida de los hermanos maternos mayores, quienes estaban agrediendo simbólicamente a su madre al desplazar el coraje contra este niño.

Lydia había sido diagnosticada con una Depresión Mayor y continuaba su tratamiento de salud mental. Era una mujer dependiente e inmadura. Ante sus hijos mayores, se mostraba incompetente para asumir la función ejecutiva de su rol de madre. Constantemente éstos la invalidaban, se mofaban de ella, no la respetaban como figura de autoridad y por el contrario, la intimidaban amenazándola con recurrir a su padre biológico o al Estado.

Por otro lado, el padre biológico de Hiram optó por distanciarse afectivamente de toda esta situación, para evitar intervenir con los hijos de Lydia. Tal reacción, poco a poco le fue ubicando en una posición cada vez mas distante y periférica del conflicto familiar. Así las cosas, Hiram había quedado solo y abandonado a su propia suerte. Lo cual resultaba en que la seguridad del niño menor y mas frágil en esa familia, estuviese en constante riesgo.

Con el tiempo, la dinámica familiar se tornó caótica y suborganizada. Dos de los hijos mayores de Lydia se casaron y se mudaron con sus respectivas familias nucleares a residir con ella y con su esposo. De modo que compartían la residencia entre las tres generaciones de la vía consanguínea materna.

Siendo el único que permanecía soltero, el menor de los hijos mayores de Lydia, pasó a compartir un dormitorio con Hiram. Para entonces este último tenía 7 años de edad. Las agresiones verbales: los insultos y las humillaciones, de parte de los hermanos maternos contra Hiram fueron escalando hasta que se convirtieron en agresiones físicas: golpes y empujones.

Con la integración de las tres generaciones bajo un mismo techo, la dinámica familiar se tornó aun más suborganizada, las fronteras generacionales eran completamente transparentes. Entre ellos nadie asumía un rol ejecutivo. Ninguno sabía quien estaba a cargo de dirigir al sistema familiar y de organizarlo. La familia de Hiram se convirtió en "tierra de nadie". Y en tal configuración, su figura saltaba al relieve como la de la persona mas frágil, la que cumplía la función dentro del sistema familiar de recoger y aglutinar la agresión de los más fuertes. Hiram crecía siendo el chivo expiatorio de su familia.

Cuando Hiram tenía 9 años de edad, Lydia le sorprendió sosteniendo relaciones sexuales anales, en la posición sexual pasiva, con un vecino de 12 años de edad. Ella procedió a compartirlo con su esposo y después de confrontar al niño, ambos lo agredieron físicamente para que "dejara las fresquerías". Un año después, Lydia encontró una madrugada a Hiram llorando solo en su dormitorio y éste le confesó que su hermano de 17 años de edad, le estaba violando sexualmente desde que el tenía 7 años de edad. Hiram llevaba tres años de su vida sufriendo el impacto físico, psicológico y espiritual que provoca el abuso sexual.

Al momento de nuestra intervención, el asunto legal ya había sido referido y atendido por el Departamento de Justicia y por el Departamento de la Familia y el hermano agresor no residía en el hogar. Hiram había crecido en estatura y en fuerza física y ya no era el más frágil de la familia. Aquel que había sido el agredido, ahora agredía a los que eran física y emocionalmente más débiles que él: a su madre, su padre y sus sobrinitas.

Los instrumentos proyectivos tales como los dibujos de la persona, el árbol y la casa, el dibujo kinetico de la familia, el dibujo de madre/hijo y el dibujo de la familia son útiles herramientas en el proceso diagnóstico que complementan al genograma familiar y a la entrevista clínica ayudándonos a completar el Kaleidoscopio de la dinámica familiar.

Aquí Hiram nos habla a través de su dibujo de un árbol. Al pedirle aclarar los detalles de su dibujo, [Dibujo # 3] nos explicó que la protuberancia alargada que observamos la identificó como: "los brazos" o "una rama", sin embargo su contenido proyectivo ofrece la imagen de un pene erecto que sale del tronco del árbol. También nos dijo: "Este es un árbol de china, que tiene 20 años, lo sembró un señor que vive en una granja, sirve para vivir, vivir, y vivir. Un día se va a podrir y se va a morir porque no aguantaba el frío".

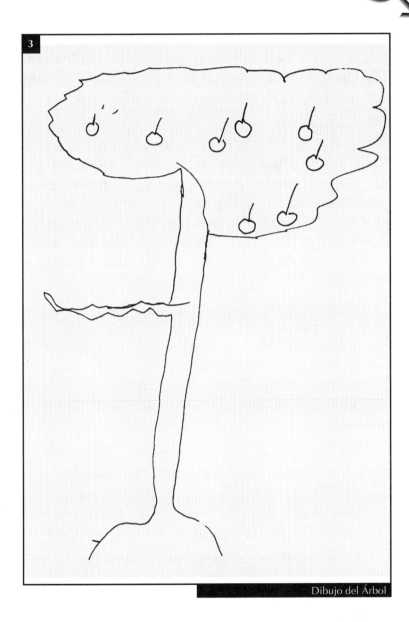

Dibujo del Árbol

Inmediatamente después de hacer este dibujo, la terapista le solicitó a Hiram que hiciera un dibujo de una persona "haciendo algo" [Dibujo #4] y el niño procedió a realizar el dibujo que se incluye a continuación.

En el dibujo #4, el menor presenta nuevamente la figura de un árbol que parece casi un ser humano y en el cual puede observarse la repetición de la protuberancia, la cual se asemeja también a un pene erecto, luego añadió una estructura a la que identificó como "un hospital" señalando que "cuando uno se mejora le siguen dando tratamiento y sigue durmiendo ahí".

El abuso sexual grabó una huella muy profunda en la psiquis de este niño, la cual se proyecta hasta en el contenido de sus dibujos. Como cuestión de hecho, Hiram había estado hospitalizado en una unidad psiquiátrica y después de haber sido dado de alta, continuó recibiendo tratamiento psicoterapéutico ambulatorio.

Los dibujos siempre nos ayudan a profundizar dentro del contexto subjetivo de la situación en la cual se encuentran nuestros clientes, porque las personas traen en los instrumentos proyectivos el contenido temático de su pensamiento inconsciente.

A continuación, incluimos algunas muestras de los dibujos que los niños y adolescentes nos hacen durante el proceso de cernimiento y diagnóstico. Veamos lo que nos quieren expresar con éstos:

Dibujo de "un niño haciendo algo"

Estos cuatro dibujos [Dibujos # 5, 6, 7, 8] fueron hechos por un niño de cinco años, víctima de maltrato físico por parte de su madre y padrastro. Existía también un ciclo de violencia doméstica en el hogar. El niño tenía un diagnóstico de "eneuresis" (se orinaba encima) y le había informado a la madre que su padrastro le quemó los genitales. Obsérvese las cuencas de los ojos vacías en las figuras humanas, [dibujo #5,] y como representó las manos [dibujos # 6, 7]. Se destaca también la figura fálica en uno de los dibujos. [dibujo # 8]

Dibujo de la Persona

Dibujo de "la Familia"

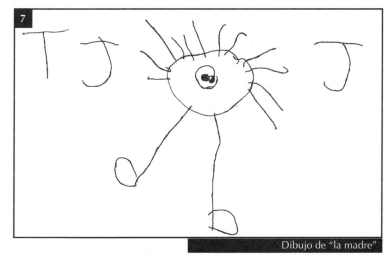

Dibujo de "la madre"

El Dibujo de la Persona y la Familia

Los próximos dos dibujos [Dibujos # 9, 10] fueron hechos por un niño de 6 años, el mayor de tres hermanos expuestos a situaciones de violencia entre la madre y su compañero, y víctimas de maltrato físico y emocional por parte de los adultos a su cargo. El autor del dibujo, verbalizó que la madre le pegaba en las manos. Cuando llegó a la oficina ya estaba presentando dificultades en el área académica. Durante la entrevista el contenido de su pensamiento giraba en torno a su preocupación por su madre y hermanos. Nótese la mirada hipervigilante y la presentación de las manos [Dibujo # 9]. En el Dibujo de la familia no dibujó los cuerpos de algunos de los integrantes de la misma [Dibujo# 10].

Dibujo de "la persona"

Dibujo de "la familia"

Observemos el Dibujo de la Persona [Dibujo # 11] realizado por una niña de 12 años, con escolaridad de sexto grado, quien era descrita como "muy poco expresiva y con problemas de higiene personal". Es producto de una familia donde la madre es una enferma mental. La autoridad y control provienen de la figura paterna, quien suele dejarla sola frecuentemente junto a la madre. El padre utiliza el castigo físico y el maltrato emocional. Obsérvense el detalle de los dientes y la figura del cuerpo fragmentado.

Dibujo de "la persona"

Los siguientes dos dibujos [Dibujos #12, #13] nos presentan el Dibujo de la Persona y el Dibujo de la Familia que nos hizo una niña de 5 años, la menor de cuatro hijos.

La niña fue separada de sus hermanos debido a enfermedad terminal de la madre. Su hogar estaba a cargo de su hermana mayor quien contaba con 13 años de edad. En el mismo existía negligencia, explotación de menores, problemas de ausentismo escolar. Acudían al hogar personas que estaban relacionadas con el tráfico de drogas. Al ser matriculada en la escuela rehusaba quedarse en la misma por temor a que no la regresaran

Dibujo de "la persona"

al hogar. Obsérvese en las figuras realizadas [Dibujos 12, 13] las cuencas de los ojos vacías en algunas de estas, la distorsión del cuerpo y la cantidad de personas que incluyó como parte de "su familia".

13

Dibujo de "la familia"

El dibujo #14 fue hecho por un preadolescente de 12 años, producto de un hogar disuelto por el divorcio de los padres quienes se encontraban en una disputa o controversia por la custodia del menor. Obsérvese la expresión en los ojos, los dientes y la posición de los brazos y manos.

Dibujo de Sí Mismo

Este Dibujo de la Familia [Dibujo # 15] fue realizado por un adolescente de 13 años con una escolaridad de séptimo grado, producto de un hogar disuelto por el divorcio de los padres. Al momento de realizar el dibujo se encontraba residiendo junto a la abuela y los tíos paternos. El joven tiene un hermano más pequeño que reside con la madre. La madre fue privada de su custodia por alegado maltrato, el padre desea devolverlo a la madre porque "no puede manejar la crianza de éste". Obsérvese la omisión del cuerpo en las figuras representadas.

Dibujo de "la familia"

Lo siguiente nos presenta el Dibujo de la Casa, el Arbol y la Persona [Dibujo # 16] que fue realizado por un joven de 17 años de edad cronológica y de un funcionamiento cognoscitivo bajo promedio. Reside con la madre, quien también funciona en un nivel cognoscitivo bajo promedio. Fue referido a nuestra atención por comportamiento sexual inadecuado. Obsérvese la representación fálica a través del árbol.

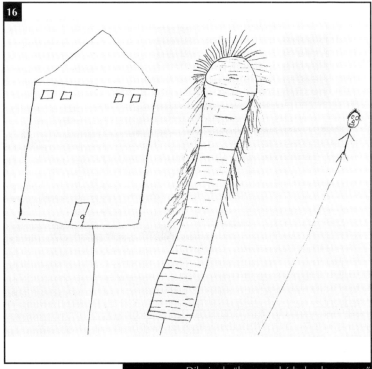

16

Dibujo de "la casa, el árbol, y la persona"

PROTOCOLO de INTERVENCION PSICOSOCIAL con FAMILIAS MALTRATANTES

Anteriormente hemos señalado que nuestra intervención con las familias maltratantes ha tenido éxito porque está dirigida por un equipo clínico transdisciplinario que hace el diagnóstico, discute el caso y diseña el plan de servicios, el cual abarcará los asuntos de educación especial, los de tribunales y los de salud física y mental. El trabajador social que hará la gerencia del caso, forma parte de este equipo clínico.

En la mayoría de los casos, estas familias maltratantes hacen un esfuerzo deliberado por evadir la intervención del Estado y presentan una resistencia tenaz ante el proceso de intervención. Es por esta razón que cuando llegan a nuestra consulta, a menudo vienen por vía de órdenes judiciales que los obligan a comparecer y a cooperar con la intervención psicosocial. La supervisión constante y el escrutinio del Tribunal será determinante en garantizar el bienestar de las víctimas.

Por regla general, durante la entrevista inicial recopilamos los datos que nos permitirán construir el genograma familiar el cual debe cubrir por lo menos tres generaciones. Esto incluye además de la demográfica, otra información relevante tal como: las experiencias de encarcelación, las hospitalizaciones psiquiátricas, si existen órdenes de protección por incidentes de violencia doméstica, el historial de enfermedades físicas y mentales. También es importante incluir datos como la escolaridad, el historial de fracasos escolares, las experiencias ocupacionales y el historial de pareja.

Una vez conocida esta información, estamos en mejor posición de ubicarnos dentro del mismo contexto de la familia, y entonces procedemos a aplicar instrumentos proyectivos tales como la prueba de oraciones incompletas y los dibujos.

El próximo paso nos lleva a la presentación del caso ante el panel clínico para la discusión de un plan de servicios que sea realista y esté enmarcado dentro del potencial de habilitación que tenga la familia. Este plan se discute con la familia quienes aportarán su insumo y luego procederán a aprobar el mismo mediante su firma. Supervisar la implantación del plan de servicios es una tarea que también lleva a cabo el equipo clínico.

El gerente a cargo del caso llevará a cabo su intervención partiendo desde el hogar y de la comunidad donde vive la familia. De esta manera abarcará toda la gama de situaciones que surgen constantemente y que impactan positiva o negativamente todo el funcionamiento psicosocial del sistema familiar.

La mayor parte de su tiempo habrá de pasarlo entretejiendo los servicios de apoyo que requiera la familia, o sea, en la escuela, en el centro de diagnóstico y tratamiento u otras oficinas de salud, en el Tribunal, en actividades extracurriculares, en actividades recreativas con los menores y en la comunidad. En fin, no visualizamos al gerente del caso como un funcionario que lleve a cabo su labor dentro del marco de las cuatro paredes de una oficina, sino como un agente activo y afirmativo que protagonizará el cambio hacia una vida sin violencia, en conjunto a las familias con las cuales trabaja.

El gerente compartirá con la familia momentos memorables tales como las graduaciones, los días de logros, los días de cumpleaños y otros. Pero también compartirá momentos difíciles como los de crisis. En este proceso de ayuda estará resocializándolos al servir como un modelo adecuado de funcionamiento social en su interacción con otros sistemas sociales.

Generalmente los miembros de las familias maltratantes requerirán psicoterapia individual y también terapia de familia, para atender los asuntos relativos a la psicodinámica de sus personalidades y a los traumas que han recibido. Los issues de apego inseguro y de desapego estarán siempre presentes en dichas familias porque como consecuencia del rechazo sostenido, del maltrato y de la desatención, han desarrollado patrones neuróticos de relacionarse con las demás personas.

El servicio de psicoterapia debe formar parte del plan de intervención psicosocial. Las sesiones de terapia individual y de familia serán ofrecidas por personal clínico (psiquiatras, psicólogos y trabajadores sociales clínicos). Algunos de los niños y adolescentes que forman parte de dichas familias también podrían requerir medicamentos psicotrópicos para condiciones de salud mental como por ejemplo el desorden por déficit de atención.

Para estas familias, una de las metas terapéuticas será poner fin a las agresiones y a la violencia familiar. Y una de las importantes decisiones clínicas que tendrá que evaluar el equipo transdisciplinario de intervención psicosocial, es precisamente si los miembros de la familia deberán permanecer viviendo todos bajo el mismo techo, o si algunos de sus miembros (posiblemente el agresor) deberá salir del sistema familiar.

En el interior de estas familias a menudo se suscitarán periodos cíclicos de crisis. El gerente del caso estará encargado de hacer la intervención en crisis de inmediato, pero también contará con el apoyo del equipo clínico, el cual deberá estar disponible para su consulta.

Nuestra experiencia demuestra que muchos de los niños que han sido víctimas de trauma, también necesitarán ser registrados en el Programa de Educación Especial y que el gerente del caso deberá participar en la discusión de su Plan Educativo Individualizado (PEI). Además deberá fungir como intercesor de los intereses de los menores, ante las autoridades escolares en casos en que se alegue que los servicios requeridos no están disponibles de inmediato, o que se identifique resistencia para ofrecer los servicios que se requieren.

La experiencia nos dice que aquellas familias más disfuncionales (por ejemplo, hemos conocido unas que ya llevan hasta cuatro generaciones presentando pautas vinculares de interacciones muy violentas) requerirán de una intervención psicosocial de más largo plazo dirigida a interrumpir los patrones ya aprendidos y transmitidos de generación en generación.

La intervención psicosocial con dichas familias requiere que se aborden consistentemente los temas sobre la conducta antisocial, sobre el arrepentimiento, sobre la empatía ante el dolor ajeno, sobre la lealtad personal y sobre la conciencia moral.

El trabajo con familias violentas, reclama un equipo profesional que no se sienta intimidado, unos profesionales especialmente adiestrados para que puedan manejar conscientemente los procesos de contratransferencia que suelen surgir cuando se interviene con una población tan resistente como es ésta.

En otras palabras, este equipo deberá aprender a reconocer sus propios sentimientos de frustración que surgirán ante ese devenir lento en el progreso del caso y ante ese movimiento que se opera paso a paso. Deberán aprender a tener paciencia ante los retrocesos y las recaídas. Y sobre todo, deberán aprender a no expresar coraje contra sus clientes y a no pensar que "tienen algo personal contra mí".

Si quisiéramos resumir el trabajo que hemos estado haciendo con estas familias en una sola expresión, opinamos que la siguiente oración recoge nuestro sentir: **"Es como estar montado en un carrito de la montaña rusa, subiendo (fase de recuperación/logros) y bajando (fase de recaída) todo el tiempo."**

RECAPITULACIÓN

A modo de recapitulación, debemos añadir que gracias a estas familias hemos aprendido a ser mejores personas, a ganar mayor madurez y profundidad en nuestra visión de la vida y a dar mayor importancia a las cosas que tienen un verdadero valor: la solidaridad humana.

Hemos sido testigo de como además de la violencia que se desata en el interior de estas familias, sus miembros son también agredidos frecuentemente y de diversas maneras por parte de las mismas agencias públicas, por parte de funcionarios que en su quehacer los marginan, les obstaculizan el acceso a los servicios a los cuales tienen derecho y les estigmatizan, victimizándolos aún más.

Si verdaderamente queremos atender las raíces de la violencia social en Puerto Rico y mucho más que atenderla, prevenirla, es necesario llevar a cabo una revisión minuciosa de toda la política pública que supuestamente atiende, tanto a las víctimas como a los agresores. Es indispensable asignar recursos económicos y prioridad a los programas de prevención de embarazo en adolescentes, de educación sexual, de paternidad y maternidad responsable para que estos puedan educar y disciplinar sin tener que recurrir al castigo físico.

Entendemos que es necesario fortalecer las redes de apoyo comunitarias y fomentar el desarrollo de nuevas iniciativas y servicios de apoyo a la familia tales como: servicios de respiro, de escolta, de jóvenes mentores, servicios de "persona a persona" para ofrecer un modelaje positivo y adecuado, y servicios de intervención en crisis en el hogar, entre otros.

Recomendamos que se promulgue legislación dirigida a regular ciertas prácticas de mercadeo de algunos productos que utilizan la propaganda para influenciar a los niños y adolescentes en su inconsciente mediante la utilización de mensajes subliminales, de contenido violento, sexista, materialista e individualista.

Censuramos los juegos de video, los programas de televisión y la prensa escrita que apelan al sentido morboso, que explotan la figura de la mujer y de las niñas y que utilizan recursos evidentemente hostiles como es el ataque personalista utilizando el "chisme".

Es recomendable trazar hilos conductores de colaboración y de coordinación entre las diversos servicios (de salud física, de salud mental, vivienda, educación, instituciones juveniles y protección social). Es indispensable que las agencias, en lugar de competir entre sí como lo hacen en estos momentos, procedan a colaborar unas con otras. Es necesario humanizar los servicios para que centralicen su foco de atención en la persona humana particularmente los niños, más que en las normas y procedimientos burocráticos.

Sobre la deshumanización de nuestros clientes podemos señalar los siguientes ejemplos: una de las autoras sufrió la experiencia de participar en una discusión de caso a la cual comparecieron representantes de cuatro agencias diferentes y estuvieron cuarenta y cinco minutos hablando sobre un joven que era el cliente mutuo, cuyo nombre habían obviado durante la discusión porque ninguno de los profesionales lo recordaba. Para los allí presentes, excepto para la autora aquel joven se había convertido en **"el caso"**.

Este mismo proceso de despersonalización lo vemos reflejado en los niños y adolescentes que transitan de hogares de crianza en hogares de crianza, donde poco a poco van perdiendo su identidad. Llegan hasta olvidar su número de seguro social, su fecha de nacimiento, su lugar de procedencia y su segundo apellido, en definitiva su historia. Conocemos la realidad de un adolescente de 16 años de edad que vivió en 57 hogares de crianza a través de toda la isla antes de parar en una institución juvenil.

Las diferentes leyes que regulan los servicios especializados tales como: la Ley de Protección de Menores, la Ley de Violencia Doméstica, la Ley de Educación Especial y el Código de Salud Mental deberían conciliarse para que todas giren alrededor de una misma perspectiva, con un mismo estilo de redacción y cuyo protagonista sea la población que requiere los servicios, para que no existan lagunas y contradicciones entre unas y otras.

Como sociedad, debemos mirarnos hacia el interior y reconocer que quizás nuestros valores sociales se han confundido y que estamos en una carrera desbocada por adquirir y acumular bienes materiales, por consumir compulsivamente todo lo que las financieras y la banca nos quieran prestar.

Es tiempo de reconocer que no hemos dado prioridad a la protección de nuestros niños/niñas, tampoco hemos protegido a nuestro ambiente ni hemos conservado nuestros recursos naturales. En fin, que hemos envenenado con basura nuestro medioambiente, así como hemos envenenado con violencia nuestras vidas.

Hemos llevado la violencia hasta nuestros hogares, la hemos llevado hasta nuestras camas y hasta las relaciones más íntimas como lo son las relaciones de madre/padre/hijos. Tal ha sido nuestra naturaleza violenta, que no nos debería extrañar que entre nosotros convivan **las madres/padres que torturen a sus hijos y los padres/ madres que los asesinen.**

BIBLIOGRAFÍA

American Psychiatric Association, **Diagnostic and Statistical Manual for Mental Disorders**, Fourth Edition (DSM-IV), Published by APA, Washington, D.C., 1994

Ammerman Robert T. & Michel Hersen; **Assessment of Family Violence**, A Clinical and Legal Sourcebook; A Wiley-Interscience Publication, John Wiley & Sons, Inc., New York, 1992

Andreu Iglesias, César, (Editor) **Memorias de Bernardo Vega**; Ediciones Huracán, Río Piedras, PR, 1988

Atkinson Leslie & Kenneth J. Zucker (Editors), **Attachment and Psychopathology**, The Guilford Press, New York, 1997

Bowlby John, **Attachment and Loss**, Vol. I, Basic Book, Inc. Publishers, New York, 1969

Burns Robert C., **Kinetic-House-Tree-Person Drawings** [K-H-T-P]; An Interpretation Manual, Brunner/Mazel Publisher, New York, 1987

Campbell Robert J., **Psychiatric Dictionary** - Seventh Edition, Oxford University Press, New York, 1996

Cattanach Ann, **Play Therapy with Abused Children**, Jessica Kingsley Publisher, Pennsylvania, 1993

Cattanach Ann, **Play Therapy**, "When the Sky meets the Under World", Jessica Kingsley Publisher, Pennsylvania, 1994

Cirillo Stefano & Paola Diblasio, **Families that Abuse**, Diagnosis and Therapy, W.W. Norton & Company, Inc., New York, 1992

Crijnen Alfons A.M., M.D., Thomas M. Achenbach, Ph.D. & Frank C. Verhulst, M.D., "Comparisons of Problems Reported by Parents of Children in 12 cultures: Total Problems, Externalizing, and Internalizing": **Journal of the American Academy of Child & Adolescent Psychiatry**, Vol. 36, Number 9, September 1997

De Maria Rita, Ph.D., Gerald Weeks, Ph.D., & Lany Hof; **Focused Genograms, Intergenerational Assessment of Individuals, Couples, and Families**, Taylor & Francis, Philadelphia, 1999

Fanon Franz, **"Los condenados de la Tierra"**, Fondo de Cultura Económica, México, 1963.

Gillespie Jacquelyn, Ph.D., **The Projective Use of Mother-and-Child Drawings,** A Manual for Clinicians, Brunner/Mazel Publisher, New York, 1994

Hampton Robert L. & Thomas P. Gullata (Editors), et als, **Family Violence**, Prevention and Treatment, Vol. I, Sage Publications, California, 1993

Haynes-Seman Clare, Ph.D. & David Baumgarten, J.D., **Children Speak for Themselves**, B r u n n e r / M a z e l Publisher, New York, 1994

Karp Cheryl L. & Traci L. Butler, **Treatment Strategies for Abused Children;** "From Victim to Survivor", Sage Publications, London, 1996

Madanes Cloé, **Sex, Love and Violence**, Strategies for Transformation, W.W. Norton & Company, New York, 1990

Madanes Cloé, **The Violence of Men**, New Techniques for Working with Abusive Families: A Therapy of Social Action, Jossey-Bass Publishers, San Francisco, 1995

Malchiodi Cathy A., M.A., A.T.R., LPAT, LPCC, **Breaking the Silence, Art Therapy with children from violent homes,** Second Edition, Brunner/Mazel Publisher, Pennsylvania, 1997

Maldonado Denis, Manuel; **Hacia una Interpretación Marxista de la Historia de Puerto Rico y otros Ensayos** , Editorial Antillana, Río Piedras, PR, 1977

Mattelart Michele, **"La Cultura de la Opresión Femenina"**, Ediciones Era, S.A., México, 1977

Meloy J. Reid, Ph.D., **Violent Attachments**, Jason Aronson Inc., New Jersey, 1992

Minuchin Patricia, Jorge Colapinto & Salvador Minuchin, **Working with Families of the Poor**, The Guilford Press, New York, 1998

Minuchin Salvador & Michael P. Nichols, **Family Healing**, Tales of Hope and Renewal from Family Therapy, The Free Press, New York, 1993

Monahan John & Henry J. Steadman, **Violence and Mental Disorder**, Developments in Risk Assessment, The University of Chicago Press, Chicago, 1994

Nieves Falcón, Luis; **Diagnóstico de Puerto Rico,** Editorial Edil, Río Piedras, PR, 1972

Potegal Michael & John F. Knutson (Editors), **The Dynamics of Aggression,** Biological and Social Processes in Dyads and Groups, Lawrence Erlbaum Associates, Pub., New York, 1994

Price Jerome A., **Power & Compassion,** Working with Difficult Adolescents and Abused Parents, The Guilford Press, New York, 1996

Putnam Frank W., **Dissociation in Children and Adolescent,** A Developmental Perspective, The Guilford Press, New York, 1997

Quintero Rivera, Angel, José Luis González, Ricardo Campos & Juan Flores, **Puerto Rico: Identidad Nacional y Clases Sociales;** Ediciones Huracán, Río Piedras, PR, 1981

Ramírez Rafael L., **"Dime Capitán: Reflexiones sobre la masculinidad"**, Ediciones Huracán, Río Piedras, P.R., 1993

Rivera Ramos Alba Nydia, PhD. **Personalidad Puertorriqueña: Mito o Realidad**; Editorial Edil Río Piedras PR, 1993

Rodríguez de Laguna Asela (Editora), **"Imágenes e Identidades: el puertorriqueño en la literatura"**, Ediciones Huracán, P.R., 1985

Santiago Esmeralda; **Cuando Era Puertorriqueña**, Random House Inc., Nueva York, 1994

Sells Scott P., **Treating the Tough Adolescent**, A Family-Based, Step by Step Guide, The Guilford Press, New York, 1998

Silén Juan Angel, **Historia de la Nación Puertorriqueña**; Editorial Edil, Río Piedras PR, 1973

Silén Juan Angel, **Hacia una Visión Positiva del Puertorriqueño**; Editorial Edil, Río Piedras PR, 1970

Sperling Michael B. (Editors), **Attachment in Adults**, Clinical and Developmental Perspectives, The Guilford Press, New York, 1994

Stosny Steven, Ph.D., **Treating Attachment Abuse**, A Compassionate Approach, Springer Publishing Company, New York, 1995

Tannen Deborah, **Gender & Discourse**, Oxford University Press, New York, 1994

Tedeschi James T. & Richard B. Feldom, **Violence, Aggression & Coercive Actions**, American Psychological Association, Washington, D.C., 1994

Viano Emilia C. (Editor), **Intimate Violence**, Interdisciplinary Perspectives, Taylor & Francis Publishers, PA, 1992